カラー図解 楽器から見る

吹奏楽の世界

佐伯茂樹

The wind orchestra world

河出書房新社

　昨今、日本では吹奏楽の人気が急速に高まり、一説には500万人近い人が関わっているとも言われている。その結果、CDや書籍など関連商品も多数リリースされ、吹奏楽に関する多くの情報が得られるようになったものの、未だに吹奏楽を「ブラスバンド」と呼ぶ人も少なくないのが現状で、本当に正しく理解され知識が浸透したとは言い難い。

　また、多くの古典作品が愛され、演奏されている管弦楽やピアノ音楽などの分野に比べると、吹奏楽は、自らの歴史や過去のレパートリーに関する情報が少なく、その作品が書かれた当時の楽器がどんなものだったのかとか、他の国がどういうシステムの楽器を使っているのかということに対する関心や意識が薄いという事実も否めない。実際、ベルリオーズやホルストなどの作品を作曲家の指定どおりの楽器で演奏したという例はほとんど見られないし、多くの場合は、商業的、教育的理由から本来の指定にない楽器を加えて出版、録音されているのが現状だ。

　また、楽器そのものに関しても、それぞれが育まれた歴史や国の風土を正しく理解していないために、性能だけが優先されて、その楽器が持つ本来のテイストが引き出されていないケースも少なくない。たとえば、同じB管の高音金管楽器でも、トランペット、アメリカンコルネット、ブリティッシュコルネット、マーチングビューグル、サックス型フリューゲルホルン、ドイツ型フリューゲルホルンとでは、それぞれ違うキャラクターと歴史があり、本来ならば代替えがきくものではないのである。

　本書には特定の奏者や奏法は登場しない。それを期待した方には申し訳ないが、あくまでも、吹奏楽、ブラスバンド、マーチングバンドで使われている楽器を通して、各々の違いや歴史に迫っていこうというのがコンセプトである。この本をきっかけに、ご自分が演奏している楽器はもちろん、他のジャンルで使われている楽器や楽曲について関心を持っていただければ幸いである。

目次 contents

楽器にまつわるQ＆A

column

第2章 吹奏楽の歴史
History of
wind orchestra

時代や地域独自の楽器たち

column

第3章 ブラスバンドの世界
The brass band world

楽器にまつわるQ＆A

第4章 マーチングの世界
The marching band world

column

吹奏楽のキホン

Basis of wind orchestra

『吹奏楽』と一口に言っても、十数人のアンサンブルから

100人を超える大編成のものまで様々な編成のものがあり、

地域やジャンルによっても異なるので、厳密に定義をするのは難しい。

ここでは、まず、標準的な吹奏楽の

合奏で使われている楽器の種類を大まかに分類し、

その後の章を読み進めるための理解の手助けになるように、

各楽器の発音原理について簡単に触れておこう。

吹奏楽団で使われている楽器

現代の標準的な吹奏楽には、木管楽器セクション、金管楽器セクション、打楽器セクションの他、弦楽器のコントラバスが編成に加わっている（稀にチェロが加わる曲もある）。各楽器の中では、クラリネットの人数が一番多く、オーケストラのヴァイオリンの役割を担っている。

木管楽器　金管楽器　打楽器　弦楽器

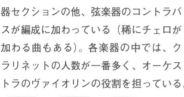

マリンバ

トランペット

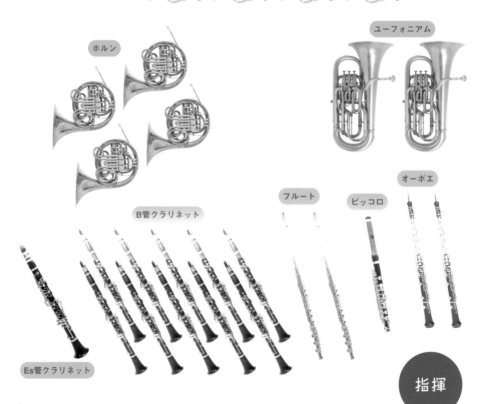

ユーフォニアム

ホルン

フルート

ピッコロ

オーボエ

B管クラリネット

Es管クラリネット

指揮

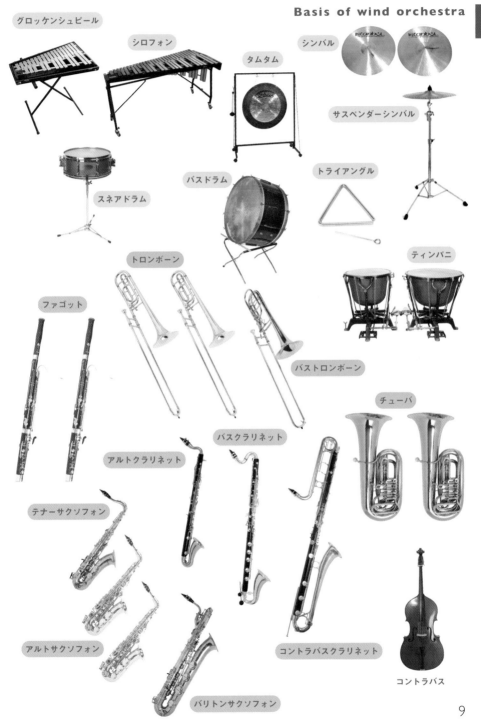

グロッケンシュピール

シロフォン

タムタム

シンバル

サスペンダーシンバル

スネアドラム

バスドラム

トライアングル

トロンボーン

ティンパニ

ファゴット

バストロンボーン

チューバ

バスクラリネット

アルトクラリネット

テナーサクソフォン

アルトサクソフォン

コントラバスクラリネット

バリトンサクソフォン

コントラバス

9

木管楽器の種類と発音原理

　木管楽器の定義は、材質が木というわけではなく、発音原理が唇を振動させるリップリードでないものを指す。吹奏楽で使われる木管楽器は、発音原理の違いによって「エアリード楽器」「シングルリード楽器」「ダブルリード楽器」の3種類に分類することができる。

エアリード楽器

　リードを持たず、管の孔の角に息を吹きかけて空気を振動させることで音を出す楽器。吹き口から音が出る仕組みなのでベルは持たない。

フルートの歌口。この角に息を吹きかけて音を出す。

ピッコロ

フルート

シングルリード楽器

1枚のリードを取り付けたマウスピースをくわえて音を出す楽器。リードが1枚で簡単な構造なので雑味の少ない音がする。

ダブルリード楽器

重ね合わせた2枚のリードをくわえて音を出す楽器。2枚のリードが振動するので複雑で味わいのある音がする。

サクソフォン

クラリネット

クラリネットのマウスピース

ここにリードをつける
クラリネットのマウスピースの
切断写真

オーボエ　　ファゴット

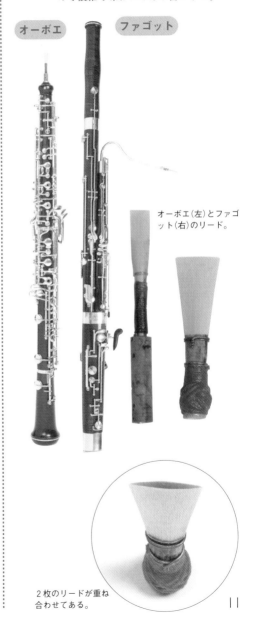

オーボエ（左）とファゴット（右）のリード。

2枚のリードが重ね合わせてある。

11

序章 吹奏楽のキホン

金管楽器の種類と発音原理

金管楽器は、材質が金属の楽器というわけではなく、唇を振動させて音を出すリップリード楽器を指す。唇の振動は倍音を自由にコントロールできるので、広い音域にわたる倍音とヴァルヴかスライドの操作を組み合わせて曲を奏でている。全ての金管楽器はみな同じ発音原理だが、管の開き方の違いで大まかに3つに分類できる。

トランペットのマウスピース

トランペットのマウスピースの切断写真。唇で発生した振動が小さい穴を通って楽器に伝わっていく。

円筒部分の多い楽器

直線的で明るく輝かしい音がする。

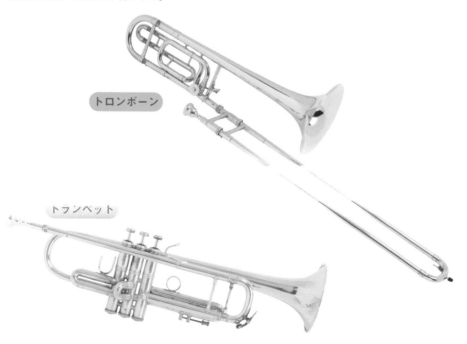

トロンボーン

トランペット

中間の楽器 *

柔らかい音がするが明るく輝か
しい音も出る。

＊円筒部分は多いが、開き方が大きく
深いマウスピースを使う。

ホルン

コルネット

円錐部分が多い楽器

深く柔らかい音がする。

チューバ

フリューゲルホルン

ユーフォニアム

13

打楽器の種類と発音原理

　吹奏楽で使われる打楽器には実に多くの種類があり、場合によっては鳥の鳴き声の笛のように息で吹くものを担当することもある。大まかに分類すると、皮を張った太鼓類の「膜鳴楽器」、金属や木でできた楽器を直接叩く「体鳴楽器」、音階順に並べた鍵盤を叩く「鍵盤打楽器」に分けられる。

膜鳴楽器

　胴に皮を張ってバチや素手で叩く楽器。ティンパニのように音程を持つ楽器もある。

スネアドラム

バスドラム

ティンパニ

体鳴楽器

　金属や木でできた本体を直接
叩いて音を出す楽器。

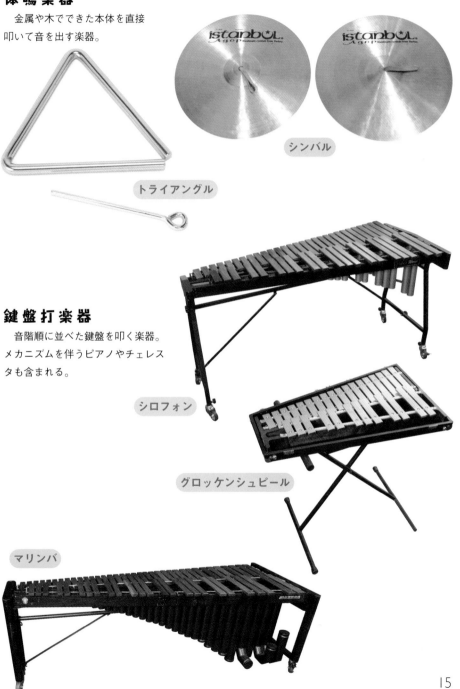

シンバル

トライアングル

鍵盤打楽器

　音階順に並べた鍵盤を叩く楽器。
メカニズムを伴うピアノやチェレス
タも含まれる。

シロフォン

グロッケンシュピール

マリンバ

世界の吹奏楽

ブラック・ダイク・バンド

イギリス

吹奏楽の他に、金管楽器と打楽器によるブラスバンドが盛ん。心地よいヴィブラートとスピード感があるサウンドが魅力である。

ドイツ

独自の楽器を使用した軍楽隊や民間バンドがたくさんあり、歯切れの良いマーチや舞曲は吹奏楽本来の味わいを色濃く残している。

シュネーベルク鉱山音楽隊

フランス

150年以上の歴史を持つパリ・ギャルド・レピュブリケーヌ吹奏楽団が有名。現在でも独自のサウンドで高い人気を誇っている。

パリ・ギャルド・レピュブリケーヌ吹奏楽団

世界には、各国の歴史や風土が色濃く反映された吹奏楽団がある。フランスには長い伝統を誇る「パリ・ギャルド・レピュブリケーヌ吹奏楽団」、イギリスには金管楽器と打楽器だけで構成されるブラスバンド、ドイツには町の人々と密着した多くの民間バンド、アメリカには大学を中心とした大編成の吹奏楽団とビューグル・コーなどのマーチングバンドという風に。それぞれ独自に発展させた楽器とサウンドを持っていて、国柄を反映した代え難い魅力を放っている。日本の吹奏楽も、各国のバンドの影響を受けながら世界に誇るスタイルとサウンドを確立した。

日本

各学校や市民の吹奏楽団が盛んで、大阪市音楽団や東京佼成ウインドオーケストラなどプロの活動も世界的に知られている。

大阪市音楽団

アメリカ

イーストマン・ウインド・アンサンブルを筆頭に大学や軍隊の吹奏楽団が盛んで、多くの吹奏楽のオリジナル曲が生み出されている。

イーストマン・ウインド・アンサンブル

実音表記と移調表記

吹奏楽で使う管楽器は、B管やEs管など「移調楽器」と呼ばれるものが多い。これは、基本的に、木管楽器なら「指孔を全部塞ぎ、さらに右手小指も押さえて出るドの音」がBの音ならばB管、金管楽器なら「ヴァルヴを押さずに出る自然倍音のドの音」がEsの音ならばEs管という風に、その楽器の調が決められていると考えていい。

ただし、厄介なことに、同じB管の楽器でも、トランペットやクラリネットはBをドにしたト音記号の移調譜を使うのに、トロンボーンやユーフォニアム、チューバなどはCをドにするヘ音記号の実音譜を使用しているという問題がある。さらに、同じ楽器でも、ブラスバンドではト音記号の移調譜を使うので、混乱しないようにしなければいけない。

このような混乱が生じてしまった原因は、楽譜の歴史を辿れば知ることができる。今から300年以上前のバロック時代には、全ての楽器は実音表記をしていて、そのころからずっと使われているフルート（リコーダーも）、トロンボーン、ヴァイオリンなどは、現在でもそのまま伝統を継承しているのだ（チューバ、ユーフォニアムは新しい楽器だが、実音表記の奏者が担当した）。

それに対して、調性によって管を差し替えていたトランペットやホルンがト音記号の移調譜を使い始めるようになり、トランペット（メロディを奏でる高音域をクラリーノと呼んだ）を模倣して作られたクラリネットもそれに準ずるようになったのである。

さらに19世紀に入って軍楽隊が編成されるようになると、サクソフォンやサクソルンなど、どのパートにコンバートされても同じ指使いと同じ楽譜の読み方で吹くことができるように、ト音記号の移調譜で統一したファミリーが次々と発表され現在に至っている。

授業でアルトリコーダーに持ち替えるときは苦労するのに、吹奏楽部でサクソフォンを持ち替えるときに同じ読み方ができるのは、こういう歴史が背景にあったのだ。

国別の音名

ドイツ	ツェー **C**	デー **D**	エー **E**	エフ **F**	ゲー **G**	アー **A**	ハー **H**
イギリス アメリカ	シー **C**	ディー **D**	イー **E**	エフ **F**	ジー **G**	エー **A**	ビー **B**
イタリア	ド Do	レ Re	ミ Mi	ファ Fa	ソ Sol	ラ La	シ Si

ドイツ	ツィス **Cis**	ディス **Dis**	エイス **Eis**	フィス **Fis**	ギス **Gis**	アイス **Ais**	ヒス **His**
	チェス **Ces**	デス **Des**	エス **Es**	フェス **Fes**	ゲス **Ges**	アス **As**	ベー **B**
イギリス アメリカ	シャープ **C♯**	**D♯**	**E♯**	**F♯**	**G♯**	**A♯**	**B♯**
	フラット **C♭**	**D♭**	**E♭**	**F♭**	**G♭**	**A♭**	**B♭**
イタリア	ディエズィス **Do♯**	**Re♯**	**Mi♯**	**Fa♯**	**Sol♯**	**La♯**	**Si♯**
	ベモレ **Do♭**	**Re♭**	**Mi♭**	**Fa♭**	**Sol♭**	**La♭**	**Si♭**

第1章

吹奏楽で使う楽器

Musical instruments used
in wind orchestra

吹奏楽で使う楽器は、その名のとおり息で鳴らす管楽器を中心に、

打楽器と弦楽器のコントラバスが含まれる。

要するに、管弦楽からヴァイオリンとヴィオラ、チェロを除いた編成なのだが、

吹奏楽で使われる楽器の中には、

管弦楽ではほとんど使われることのない吹奏楽独自の楽器も少なくない。

そこで、この章では、各楽器の仕組みや奏法に触れながら、

歴史的な成り立ちや相互関係をご紹介していこう。

息のコントロールで多彩な表現ができる

フルート

フルートは、高音域を担当する木管楽器で、吹奏楽では2パートあることが多い。元来は木で作られていたが、現在使われているフルートの大半は、銀や洋銀、金などの金属で作られている。調性はC管で、3オクターブにわたる広い音域を持ち、低音域では暖かく神秘的な音がするが、高音域では一転して小鳥のさえずりのような、澄んだ明るい音色になる。また、息の使い方のコントロールによって多彩な表現が可能で、高音域で強く吹くと、鋭く突き刺さるような音を出すこともできる。一般的な楽器は半音階をムラなく演奏できるベームシステムを採用しており、このメリットを活かした華麗なパッセージも他の楽器にない魅力になっている。

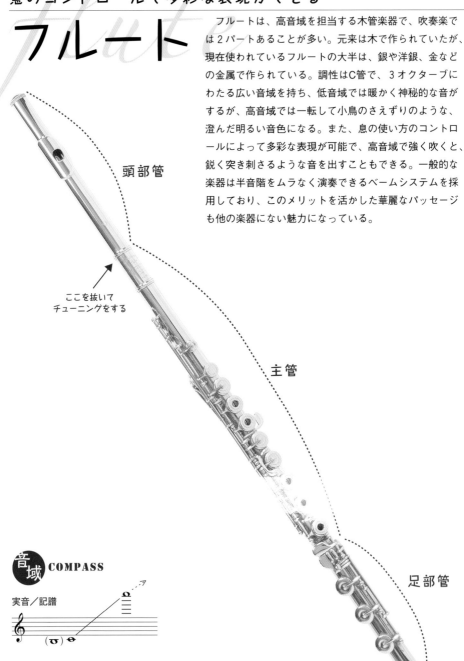

頭部管

ここを抜いて
チューニングをする

主管

足部管

音域 COMPASS

実音／記譜

HISTORY
昔のフルートはこうだった

今から200年前のフルートは、ボディが木で作られていてキーが1つしかないシンプルな楽器だった。現在のフルートは内部が円筒形だが、当時のフルートは先端にいくほど細くなる円錐形で、素朴で暖かい音を持っているものの、低音域の音量は貧弱だった。

FORM
フルートの構え方

フルートは地面と水平に構える。楽器は、右手の親指、左手の人指し指の付け根、歌口に付けた下唇の3点で支えなければいけない。

CASE
フルートのケース

ケースに入れるときは、主管、頭部管、足部管の3つに分解してしまう。

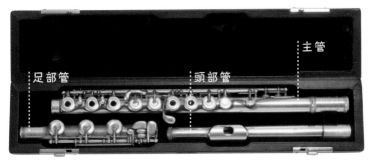

足部管　頭部管　主管

鋭く通る音色がきらびやかに目立つ

ピッコロ

ピッコロ（正式名称はピッコロフルート）は、フルートの半分の長さしかない小型の横笛で、調性はC管で、音域はフルートの1オクターブ上。管の内部が先端にいくほど細くなる円錐形になっているので、内部が円筒形のフルートよりも低音域では素朴で可愛らしい音がする反面、高音域では澄んだ音がして強く吹くと非常に鋭く華やかになるのが特徴。吹奏楽では1本で単独に使われることが多いが、その音は鋭く通るので、バンドの中できらびやかに目立つ。管体はフルートとは違い木製（グラナディラ製）のものが一般的で、メカニズムはフルートと同じ半音階を均質に出すことができるベームシステムを採用しているが、最低音はDまでしか出ない。

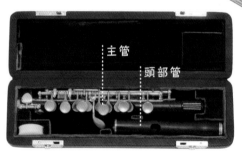

頭部管

ここを抜いて
チューニングをする

主管

主管

頭部管

CASE
ピッコロのケース

ケースに入れるときは、主
管、頭部管の2つに分解し
てしまう

音域 COMPASS

実音

8va

記譜

8va

HISTORY

昔のピッコロはこうだった

今から180年ほど前のピッコロは、当時のフルートと同じようにボディが木で作られていてキーが1つしかないシンプルな楽器だった。しかし、管の内部が先端にいくほど細くなる円錐形で最低音がDまでになっている点などは現在の楽器と変わっていない。

楽器にまつわる
Q&A

Q.
かつて吹奏楽では
短いフルートが
使われていた？

軍楽隊用のファイフ

A.
　今から300年前のバロック時代には、フルートは王侯貴族が嗜む楽器として愛好され、大きな音量を必要としない小さな部屋で演奏されていた。その結果、大きな音が出にくい構造になっていたので、吹奏楽のルーツになったハルモニームジーク（野外の管楽合奏／82ページ参照）にはフルートは含まれなかった。

　しかしながら、野外の吹奏楽で横笛が使われていなかったわけではない。フルートよりも短いファイフ（軍楽隊用フルート。多くはEs管）やピッコロは、鋭い音色で野外でも通るという理由から、鼓笛隊などで使われたのだ。19世紀に入って軍楽隊の編成が大きくなると、ピッコロとファイフも吹奏楽の一員になった。以来、これらの楽器はオーケストラのフルートとは別の発展を遂げながら使われてきたのだが、やがて、20世紀に入り、吹奏楽でオーケストラ作品の編曲ものが取り上げられるようになると、オーケストラ用のフルートが吹奏楽の楽器として重要なポジションを与えられ、それと共にファイフは姿を消してしまった。

哀愁を帯びたソロに不可欠

オーボエ

オーボエは、フルートとほぼ同じ長さ
を持つダブルリード楽器で、出る音域は
フルートよりも少し狭い。先端にいくに
つれて広がっていく細い円錐形の内径を
持つ木製（グラナディラ製が多い）のボ
ディに複雑なキーメカニズムが付いてい
て、2枚合わせたリードを挿して音を出
す。繊細で染み通るような音色を持ち、
吹奏楽では哀愁を帯びたソロに欠かすこ
とができない。また、強く吹いたときは
突き抜けて通るような音を出すことも可
能で、全員でメロディを鳴らしていると
きに加わると輪郭をはっきりさせる効果
もある。現在使われているオーボエの大
半はコンセルヴァトワールシステムの楽
器で、オクターブキーがフルオートとセ
ミオートの2種類の楽器がある。

リード

上管

下管

ベル

COMPASS

実音／記譜

HISTORY
昔のオーボエは こうだった

　今から250年前のオーボエは、キーが２つしかないシンプルな楽器だった。材質は柘植や黒檀（右の写真）などで、現在の楽器よりもベルやリードが大きく素朴な音がする。オクターブキーがなく、ファルセットのようにして高い音域を出していた。

FORM
オーボエの構え方

左手の親指はオクターブキーの操作に使っているので、右手の親指とリードをくわえた口の２点で支えなければいけない。

CASE
オーボエのケース

ケースに入れるときは、リードを外して、上管、下管、ベルの３つに分解してしまう。

上管

下管

ベル

牧歌的で叙情的な音色が持ち味

イングリッシュホルン

イングリッシュホルン（コールアングレ）は、オーボエよりも5度低いアルト音域のダブルリード楽器で、調性はF管。楽譜はヘ調の移調譜を使用する。球根形のベルと金属製の曲がったボーカル（リードとボディをつなぐ管）を持ち、牧歌的で叙情的な音がする。吹奏楽では、大編成のときに1パート設けられることが多く、オーボエ奏者が持ち替える場合もある。オーボエのように強く通る音は出ないので、大音量のトゥッティでは聞こえにくいが、弱奏時のソロは非常に効果的である。イングリッシュホルンのボディはオーボエと同じ木製（グラナディラ製が多い）で、メカニズムも一般的なオーボエと同じコンセルヴァトワールシステムを搭載している。

HISTORY
昔のイングリッシュホルンはこうだった

今から150年前のイングリッシュホルンは、かつて角笛だった名残で、ボディが弓なりに湾曲していたり、くの字に曲がっていたりしていた。ベルは現在と同じように球根形をしているが、さらに古いバロック時代の楽器には金管楽器のようなベルが付いていた。

 COMPASS

実音

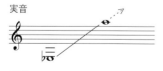

記譜
in F

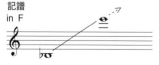

リード

ボーカル

上管

下管

ベル

楽器にまつわる *Q&A*

Q.

なぜイングリッシュホルンは
木管楽器なのに
ホルンという名前が
付いているのか？

a.
オーボエ・ダ・カッチャ

A.

イングリッシュホルンは、木管楽器なのになぜ「ホルン」という名称が付いているのか疑問に思った人は少なくないに違いない。実は、ここで言うホルンというのは、狭義のフレンチホルンのことではなくて、動物の角（Horn）から作った角笛という意味。角を材料にした角笛は、何も唇を震わして音を出す金管楽器だけではなく、リードで鳴らす笛もあったのだ。実際、初期のイングリッシュホルンは、動物の角を模した弓なりのボディを持っていて、この楽器のルーツとなったオーボエ・ダ・カッチャ（狩りのオーボエ）[*a.*]には、さらに狩猟ホルンを模した金属製のベルも付いていた。「曲がったホルン」という言葉「コール・アングル」が、イギリスのホルンという意味の「コール・アングレ」に変化（誤解）してしまってイングリッシュホルンという名称になったというのが真相なのである。

その後、狩りの合図の楽器という野性的な要素は薄らいでしまい、ベルは甘い音がする球根形になり、弓なり状のカーブを描いたボディも、18世紀後期のくの字状[*b.*]を経て、現在のようにまっすぐの形に変化してしまったのだ。

b.
18世紀後半の
イングリッシュホルン

27

オーケストラのヴァイオリン的ポジション

クラリネット

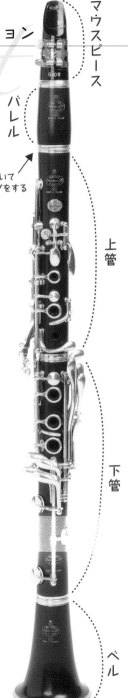

マウスピース

バレル

ここを抜いて
チューニングをする

上管

下管

ベル

クラリネットは、フルートとほぼ同じ長さの木管楽器であるが、倍音構造が特殊なので音域が広く、低音域はフルートのオクターブ近く低い音まで出すことができる。吹奏楽では、この広い音域を利用してオーケストラのヴァイオリンのような役割を担っており、3パートに分かれて大勢で演奏することが多い。調性はB管の他、A管やC管もあるが、吹奏楽ではB管が一般的。シングルリードを装着したマウスピースと円筒形のボディ（通常はグラナディラ製が多い）とベルを持ち、日本ではベームシステムと呼ばれるビュッフェ＝クローゼシステムの楽器が多く使われている。深く柔らかい音が特長であるが、吹き方によっては鋭い音やおどけた音も出すことができる。

音域 COMPASS

B管の場合

実音

記譜
in B

HISTORY
昔のクラリネットはこうだった

　今から200年前のクラリネットは、キーの数は少なく、多くの楽器はボディが柘植で作られていた。マウスピースは黒檀などの木材で作られていることが多く、リードは紐で巻いて固定していた。音は現在の楽器よりも素朴で、細かいニュアンスを表現するのに向いていた。

FORM
クラリネットの構え方

リコーダーのように縦に構える。広い音域を指で操作するので、右手親指で楽器を支えなければいけない。

CASE
クラリネットのケース

ケースにしまうときは、マウスピースをはずして、バレル、上管、下管、ベルの3つに分解する。

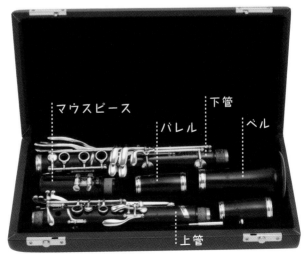

マウスピース　　下管　　バレル　　ベル　　上管

クラリネットアンサンブルでは欠かせない

Es管クラリネット

マウスピース　バレル

ここを抜いて
チューニングをする

本体

　Es管クラリネットは、通常のB管クラリネットより
も高い音域が出る小型のクラリネット。調性はEs管
で、B管クラリネットよりも明るく細い音色をしてお
り、強く吹くと鋭く甲高い音色になる。吹奏楽では、
大抵の場合1本だけで使用され、クラリネットセクシ
ョンで最高音域を担当する他、ピッコロと組んで鋭く
突き刺すようなパッセージを吹くことも多い。作曲家
によっては、意図的にこの楽器の低音域を使って、タ
イトで固い音色を利用したりすることもある。Es管
クラリネットのためのソロ曲は
ほとんどないが、クラリネット
アンサンブルでは欠かすことの
できない存在で、クラリネット
奏者はこの楽器に持ち替える準
備をしておくのが望ましい。

HISTORY

昔の
Es管クラリネットは
こうだった

　今から180年前のEs
管クラリネットは、当
時のB管クラリネット
（29ページ参照）と基
本的な構造は変わらな
い。また、ベートーヴ
ェンやメンデルスゾー
ンの吹奏楽曲では全音
高いF管クラリネット
（85ページ参照）も使
われていて、行進時に
はバトンの代わりに使
われていたという記録
もある。

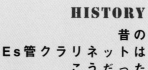
音域 COMPASS

実音

記譜
in Es

ベル

バンド全体の響きを豊かにする

アルトクラリネット

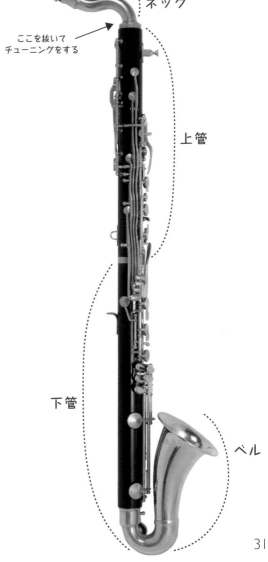

マウスピース

ネック

ここを抜いて
チューニングをする

上管

下管

ベル

アルトクラリネットは、通常のB
管クラリネットとバスクラリネット
の間の音域を担当するEs管の楽器。
金属製のベルと木製（通常はグラナ
ディラ製が多い）のボディを持つ。
外観はバスクラリネットによく似て
いるが、大きさは一回り小さい。音
量はあまり大きくなく、音色も通常
のクラリネットのような派手さはな
いものの、吹奏楽やアンサンブルに
入ったときには全体の響きを豊かに
する効果を持っている。多くのアル
トクラリネットは、通常のクラリネ
ットの最低音よりも半音低いミ♭
（実音Ges）まで出すことができる。
外観がよく似たバセットホルン（34
ページ参照）にはモーツァルトの室
内楽曲が多数存在するが、アルトク
ラリネットの独奏曲はほとんど存在
しない。

COMPASS

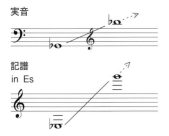

実音

記譜
in Es

31

セクションのサウンドを安定させる

バスクラリネット

バスクラリネットは、B管クラリネットの倍の管長を持ち、音域も1オクターブ低い音が出る。テナーサクソフォンのような曲がったベルと吹き込み管を持っているが、見た目の長さよりも低い音が出る構造や指使いはクラリネットと同じで、音質もクラリネットに近い。オーケストラでは通常のクラリネット奏者が持ち替えるのが一般的。サクソフォンのような大きな音量が出るわけではないが、独自の魅力的な音色を持っており、低音域では地底から響くような神秘的な音がするので弱音時にソロを担当することが多い。吹奏楽では通常1本使われ、クラリネットセクションに1〜2本加わるだけでセクション全体のサウンドを安定させる効果がある。

ここを抜いてチューニングをする

マウスピース

ネック

上管

下管

ベル

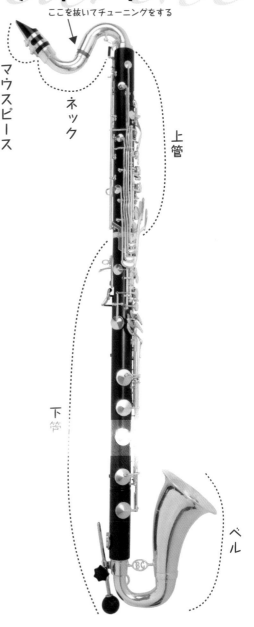

音域 COMPASS

実音

記譜
in B

← 最低音がミ♭の楽器
← 最低音がドの楽器

VARIATION
バスクラリネットには
最低音の異なる
2種類の楽器がある

　バスクラリネットには、管長が短く最低音がミ♭（実音Des）までのタイプと、それよりも長く最低音がド（実音B）までのタイプとがある。このように2種類の楽器が存在するのにはわけがあって、バスクラリネットという楽器の複雑な歴史が関与している。

　19世紀のバスクラリネットは、オーケストラでクラリネットがB管とA管を持ち替えているのと同じように、曲の調性に応じてB管とA管を持ち替えていたのだが、大きな楽器を2本持ち歩くのが面倒だったのか、やがてB管1本だけに淘汰されてしまったのだ。その際、A管のために書かれた半音低い最低音を出すために、本来のクラリネットの最低音ミ（実音D）よりも半音低いミ♭（実音Des）まで延長したのが前者の楽器なのである。

　一方、35ページで触れるように、音域の広いファゴット型のバスクラリネットのために書かれたロシアの楽曲には、サックス型のバスクラリネットでは出すことができなかった低いド（実音B）まで出てくるので、それに対応するために戦後になって開発されたのが後者の楽器。

最低音がド（実音B）までのB管バスクラリネット

最低音がミ♭（実音Des）までのB管バスクラリネット

a.

200年前のバセット
ホルン。ホルンのよ
うなベルを持ち、ボ
ディが角のカーブを
模してくの字に曲げ
られている

Q.

アルトクラリネットと
バセットホルンは
どこが違う？

A.

　普通のB管クラリネットとバスクラリネットの中間に位置
するアルト音域の楽器には、アルトクラリネットとバセット
ホルンの2つがある。どちらも非常によく似た外観を持って
いて、その音色も似ているので、違いが分かりにくいが、両
者の歴史や定義を探ってみると全く違うものであることが分
かる。

　まず、歴史上先に出現したのはバセットホルンの方であっ
た。バセットというのは低音という意味で、クラリネットよ
りも低い音域が出せる楽器として開発されたのだが、ホルン、
つまり狩りの角笛という概念がそこに盛り込まれたのである。
そのため、調性はホルンを象徴するF管になり、初期のバセ
ットホルンは、金管楽器のホルンのようなベルを持っていて
ボディも角のカーブを模して曲げられていた[*a.*]。

　一方、アルトクラリネットの方は、19世紀に入ってから軍
楽隊のアルト音域を担当するクラリネットとして開発された。
そのため、バセットホルンが普通のクラリネットと同じ内径
を持つのに対して、アルトクラリネットは太い内径と大きい
マウスピースを持ち、調性も軍楽隊に適したEs管になった。

　残念ながらバセットホルンの方は19世紀後半に一時廃れて
しまったのだが、20世紀に入り再び復元された。このときに
アルトクラリネットと同じ外観で作られたので[*b.*]、前述
したように両者の違いが不明瞭になってしまったのだ。

b.

現在のバセットホルン。
外観はアルトクラリネッ
トに似ているが、調性や
内径は異なる。また、バ
セットホルンは最低音が
低いド（実音F）まで出
すことができる

楽器にまつわる
Q&A

Q.
バスクラリネットには
2種類あった？

b.
アドルフ・サックスが考
案したバスクラリネット

a.
ファゴット型
バスクラリネット

A.

　野外で演奏する管楽合奏が盛んになった18世紀末、人々は通常のクラリネットよりも低い音が出るバス楽器が欲しいと考えた。そこでまず試みられたのは、当時唯一のバス音域の木管楽器だったファゴットのボディにクラリネットのマウスピースを装着すること。こうして出来上がったのが1793年にハインリヒ・グレンザーが製作したバスクラリネットである。

　この楽器以降、様々な改良を経て、ファゴット型のバスクラリネット[a.]はドイツの軍楽隊を中心に普及していったのだが、オーケストラで使うには大きな問題があった。それは、フィンガリングがファゴットと似ていたので、クラリネット奏者が持ち替えるのが難しかったという点。この問題を解決するために、サクソフォンを開発したアドルフ・サックスがクラリネットと同じフィンガリングで吹けるようにした楽器が現在のバスクラリネットのルーツになったのだ[b.]。

　だが、このサックス型のバスクラリネットも万能だったわけではない。クラリネットと同じ構え方にしたために、ファゴット型の楽器では左手親指の操作で出すことができた低音域をカバーすることができなかったのだ。それでも、クラリネット奏者が容易に持ち替えることができたサックス型の楽器が世界中で広まり、ファゴット型はドイツのバイエルン地方での使用を最後に19世紀末に姿を消してしまった。

　ところが、なぜか20世紀に入っても、ロシアのレパートリーにだけはサックス型の楽器では出すことができない低い音域が出てくる。これはどういうことかと思い調べてみたところ、実は、当時のロシアの首都サンクト・ペテルブルクでは、ドイツのファゴット型のバスクラリネットをコピーして売っていたらしい。おそらくこの楽器を想定して書かれたのだと思われる。その後、1970年代になってようやくそれらの音域を出すことができるサックス型の楽器が登場して現在に至っている。

とぼけたような音色でサウンドに輪郭を与える

ファゴット

ファゴットは、2メートル半を超える長さの管を束ねて折り返した構造を持つ低音楽器。オーボエと同じダブルリードの楽器で、とぼけたような暖かい音色が出る。本体をストラップで吊るして構えるために親指で低音域のキーを操作できるので、3オクターブ以上の広い音域を持っている。フランスの一部の地域を除き、ドイツのヘッケルシステムの楽器が使われていて、複雑なキーシステムを持っているものの、指孔を直接押さえるために孔を斜めに開けた構造はバロック時代から変わらず、古風な音色はそのまま引き継がれている。吹奏楽では地味な存在だが、オーボエと同じようにこの楽器が加わると合奏全体の響きに豊かさと輪郭を与える効果がある。

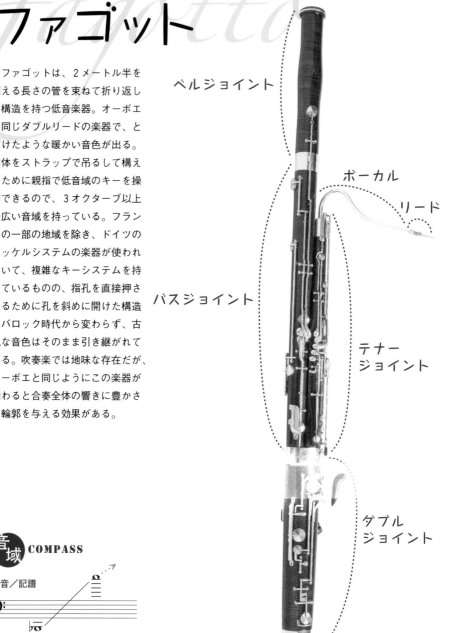

ベルジョイント

ボーカル

リード

バスジョイント

テナージョイント

ダブルジョイント

音域 COMPASS

実音／記譜

HISTORY
昔のファゴットはこうだった

今から250年前のファゴットは、キーの数が少ないだけで基本的な構造や外観は現在の楽器とあまり変わらない。ただし、楽器の重量が軽くてリードが大きかったので、現在の楽器よりもリードの音を強調するような味わいのある音がする。

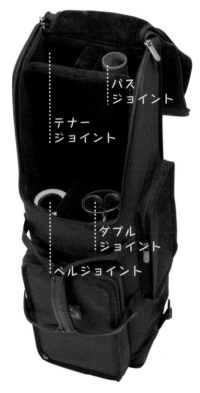

CASE
ファゴットのケース

ケースに入れるときは、リードとボーカルを外し、テナージョイント、ダブルジョイント、バスジョイント、ベルジョイントを分解してしまう（モデルによってはバスジョイントをさらに2つに分けるものもある）。

バスジョイント

テナージョイント

ダブルジョイント

ベルジョイント

FORM
ファゴットの構え方

楽器の中心部をストラップで吊るして斜めに構えるので、親指も含めた指をフルに使ってキーの操作ができる。

呻き声のような重低音はインパクト大

コントラファゴット

　コントラファゴットは、ファゴットの倍の管長を持つ巨大なダブルリード楽器で、音域もファゴットより１オクターブ低い。基本的な指使いはファゴットと同じだが、音孔がサクソフォンのように半音順に開けられているので、比較的大きい音量を出すことができる。コントラバスと同じパートを演奏することが多く、この楽器の重低音が加わることで合奏全体のサウンドに安定感と広がり感を与えることができる。稀に短いソロを担当することもあり、どこかユーモラスでありながら地底からの呻き声のような重低音の効果は人を惹きつけるインパクトがある。通常のコントラファゴットの最低音はBまでであるが、稀に半音低いAまで出るタイプの楽器もある（右の写真）。

HISTORY

昔のコントラファゴットはこうだった

　今から200年前のコントラファゴットは、基本的にはファゴットを大きくしたような構造で、斜めに開けられた孔を直接指で操作する点も同じだった。したがって、音は柔らかく音量もあまり大きくなかった。写真の楽器はベルが金属製になっている。

マウリツィオ・
バリジオーネ

**COMPASS**

実音

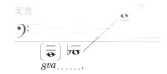

8va

記譜

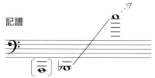

〔 　〕：最低音がAの楽器の場合

楽器にまつわる
Q&A

Q.
ファゴット特有の音色は
どのように
生み出されている？

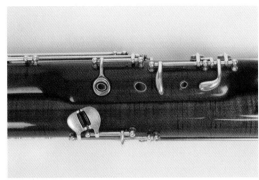

斜めに開いている指孔

A.

　短く吹いたときに少しおどけたような音がするのがファゴットの特色であるが、これはファゴットの独特な構造が大きく関与している。

　ファゴットという楽器は、今から300年前のバロック時代には既に誕生しているのだが、この頃からある重要な工夫が施されていた。それは、管に斜めの孔を開けて本来遠いところにある孔を直接指で開閉できるようにしたこと。これによって、全長2メートル半以上という長い管の楽器を、キーに依存することなく人間の指で操作することが可能になったのである。

　しかしながら、この斜めに孔を開ける構造には欠点もあった。音響学的に最適な箇所に孔を開けることができず、しかも人間の指で塞ぐことができる大きさ以上に孔を広げることもできないのだ。

　19世紀に入ると、より大きな音量と安定した音程を求めて、音孔を合理的な箇所に配置したり孔を大きくする試みがなされたのだが、その結果ファゴットらしさが失われてしまうということが分かり、全て頓挫してしまったという歴史がある。つまり、斜めに開けた小さい孔こそがファゴット特有の音色を生み出していたということが分かったのだ。そのため、現在でもファゴットの指孔は斜めに開けられて指で直接押さえて操作している。

　一方、現代のコントラファゴットは、斜めに孔を開けることをやめて合理的な位置に音孔を開けるシステムを採用している（88、89ページ参照）。もしも機会があったら両者の違いを聴き比べてみると面白いだろう。

艶やかな音色はクラシックやジャズで大人気

アルトサクソフォン

アルトサクソフォンは、アドルフ・サックスが開発したサクソフォンファミリーの中のアルト音域を担当する楽器で、サクソフォンファミリーを代表する楽器としてクラシック、ジャズ両ジャンルで広く活躍している。甘く艶やかな音色を持っていて、ささやくようなピアノから力強いフォルテまで表現の幅が広い。吹奏楽では、通常2パートに分かれ、他のサクソフォンとセクションを組んでおり、吹奏楽では人数が少ないアルト音域を充実させる役割を担っている。アルトサクソフォンの独奏曲はサクソフォンファミリーの中では圧倒的に充実していて、吹奏楽曲の中でソロを吹く機会も多い。調性はEs管で楽譜はト音記号の移調譜を使用する。

ここを抜いてチューニングをする

ネック

マウスピース

本体

音域 COMPASS

実音

記譜
in Es

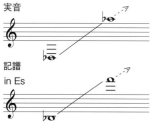

HISTORY
昔のアルトサクソフォンは こうだった

　今から150年前のアルトサクソフォンは、基本的には現在の楽器と同じ構造だが、キーシステムはシンプルだった。音域は狭く音量はあまり出ないが、暖かい音色がする。

FORM
アルトサクソフォンの構え方

アルトサクソフォンは右手親指とストラップで支えながら前方で構える。少し斜めに傾けて構える奏者が多い。

CASE
アルトサクソフォンのケース

ケースにしまうときは、マウスピースをはずして、ネックと本体を分解して入れる。

本体

ネック

常時使われないもののソロが特に際立つ

ソプラノサクソフォン

ソプラノサクソフォンは、アルトサクソフォンよりも管が短いので音域も高く、明るく線の細い音がする。外観や構え方はクラリネットやオーボエに似ているが、構造や音色は紛れもなくサクソフォンそのもので、クラリネットやオーボエよりも華やかで豊かな響きを持っている。ソプラノサクソフォンは、サクソフォン四重奏や大編成のサクソフォンアンサンブルなどでは、高音域の旋律を担当する楽器として欠かすことができない存在だが、吹奏楽やジャズのビッグバンドでは常時使われるわけではない。どちらの場合でも、他のサクソフォンから持ち替えるケースが大半を占めていて、その場合は哀愁に満ちた旋律のソロを奏でることが多い。

マウスピース

ネック

ここを抜いてチューニングをする

HISTORY

昔のソプラノサクソフォンはこうだった

今から150年前のソプラノサクソフォンは、他のサクソフォンファミリーと同じでキーのシステムがシンプルだった。音も現在の楽器よりもおとなしく柔らかい音がする。当初は、オーケストラ用の楽器として全音高いC管の楽器もあった。

本体

音域 COMPASS

実音

記譜
in B

独自の中低音でハーモニーや旋律を奏でる

テナーサクソフォン

テナーサクソフォンは、アルトサクソフォンよりも少し大きく、ソプラノサクソフォンのちょうど1オクターブ下の音域を担当する。アルトサクソフォンに比べると、クラシックのソロ作品には恵まれていないが、この楽器独自の中低音の豊かな響きは、サクソフォン四重奏などのアンサンブルには欠かすことができない。吹奏楽では、アルトサクソフォンとバリトンサクソフォンと共にセクションを組んでハーモニーや旋律を担当するが、それ以外に、ユーフォニアムとユニゾンで美しい対旋律を奏でるのもこの楽器の重要な役割となっている。調性はB管で、楽譜はト音記号の移調譜なので、他のサクソフォンからの持ち替えが容易にできるようになっている。

ネック

マウスピース

ここを抜いて
チューニングをする

本体

音域 COMPASS

実音

記譜
in B

HISTORY
昔のテナーサクソフォンは こうだった

今から150年前のテナーサクソフォンは、基本的には現在の楽器と同じ構造だが、キーシステムはシンプルになっている。音域は狭く音量はあまり出なかった。

43

サウンドの芯をはっきりさせるベースライン

バリトンサクソフォン

ネック

マウスピース

ここを抜いて
チューニングをする

本体

バリトンサクソフォンは、サクソフォンファミリーの中の低音域を担当する楽器で、調性はEs管。ちょうどアルトサクソフォンの1オクターブ下の音が出る。吹奏楽では、バスクラリネットやバストロンボーンと共にベースラインを担当することが多く、この楽器が加わることで合奏の響きの芯がはっきりする効果がある。また、サクソフォン四重奏やジャズのビッグバンドでも最低音域を担当する楽器として欠かすことができない。楽器のメカニズムや指使いは他のサクソフォンと同じであるが、バリトンサクソフォンは、他のサクソフォンの最低音よりも半音低いラの音が出せる楽器が主流になっている。これはベースラインで頻繁に使う低音のCを出すためである。

音域 COMPASS

実音

記譜
in Es

〔 〕：最低音がシ♭の楽器の場合

HISTORY
昔のバリトンサクソフォンはこうだった

今から150年前のバリトンサクソフォンは、キーの数が少なくシンプルな構造だった。音域が現在の楽器よりも狭く、音量もあまり出なかったが、管の形状やベルの開き方が異なるので、独特な味わいのある暖かい音色がする。

楽器にまつわる
Q&A

Q.

サクソフォンだけアルトが
メインになったのは
どうして？

サクソフォンファミリー。
左からソプラノ、アルト、
テナー、バリトン。

A.

　ソプラニーノからコントラバスまであるサクソフォンファミリーの中で、ジャンルを問わず圧倒的に使われているのがEs管のアルトだ。興味深いことに、他の楽器のファミリーを見渡してもアルトがメインになっている例はなく、サクソフォンファミリーだけの特徴と言っていいだろう。

　もちろん、ファミリーの中で最も豊かで独奏に適した音がしたことがその最大の要因だろうが、もう1つアルトサクソフォンが高く評価された背景には、開発当時、アルト音域の木管楽器がどの楽器も音量が不足していたという事情があったことも忘れてはならない。現在でもその傾向があるが、どの楽器もソプラノやバスに比べてアルトの改良は立ち遅れていたのである（ワーグナーもイングリッシュホルンの音量に不満を抱いていて、より太いアルトオーボエに替えようとして失敗した）。そこに、大きく豊かな音がするアルトサクソフォンが登場したのだから、吹奏楽で歓迎されたことは言うまでもない。

　現在の吹奏楽ですら、サクソフォン以外でアルト音域を担当するのは、アルトクラリネット１本（イングリッシュホルンも）だけであり、金管楽器もEs管のアルトホルンは事実上使われていない（代わりにホルンがこの音域を担当しているが、音質の統一という意味ではアルトホルンの方が相応しい）。このような状況であるから、吹奏楽の豊かなサウンドを創る上で、アルトサクソフォンは欠かすことができない非常に重要な存在なのである。

柔らかい音から勇ましい音まで自由自在

ホルン

　ホルンは、細く長い管を丸く巻いたボディと後ろに向いた大型のベルを持つ金管楽器。非常に広い音域を持ち、アルト音域からチューバのような低い音域までカバーする。右手をベルに差し入れる独特の演奏スタイルで、左手のヴァルヴの操作だけでなく、右手の加減で音程の微調整や音色の変化をおこなっており、完全にベルを塞ぐと金属質の鋭い音を出すこともできる。音色は音量によって顕著に変化し、弱く吹いたときは木管楽器のような柔らかい音が得られる一方で、強く吹くと非常に勇壮で金管楽器らしい音になる。ホルンには、大別すると短いB管と長いF管の2種類があり、現在は両方を組み込んでヴァルヴで切り替えるダブルホルン（下の写真）が主に使われている。

F管とB管の
切り替えヴァルヴ

マウスピース

ここを抜いて
チューニングをする

音域 COMPASS

実音

B♭管の
第1倍音
（ペダルトーン）

F管　B♭管

記譜
in F

※古いスタイルの譜面では、へ音記号
はこの1オクターブ下で書かれている。

ベル

HISTORY
昔のホルンは こうだった

今から200年前のホルンは、基本的な管のフォームは現在の楽器と同じだが、ヴァルヴがないシンプルな構造だった。基本的に唇の加減で出すことができる自然倍音の他、ベルに差し入れた右手の塞ぎ加減で変化する音を組み合わせて音階を奏でていた。吹き込み口には、調に応じて交換して管の長さを替えるクルークを備えている。

CASE
ホルンのケース

機種によってはベルの先端をネジで外すことができるので、写真のようなコンパクトなケースに収納できる。

ベル

本体

FORM
ホルンの構え方

右手はベルに差し入れて、左手はヴァルヴの操作をするので、左手の小指をフックに引っ掛けて楽器を支える。

絶大な効果を誇る華やかな高音

トランペット

トランペットは、唇を振動して音を出す金管楽器の中でいちばん高い音域を担当する。細くて短い管と前に向いたベルを持っているので、非常に明るく華やかな音がする。吹奏楽では、3〜4パートに分かれて旋律を担当することが多く、曲のクライマックスで高い音を吹き鳴らす効果は絶大だ。また、種類の異なる弱音器を装着することによって、音色をいろいろ変えることができるのもこの楽器の得意技。それ以外にも、フリューゲルホルンやコルネット、ピッコロトランペットなどに持ち替えることで音色やキャラクターを変化させることもある。通常、吹奏楽で使うトランペットはB管だが、稀にC管やEs管などを使うこともある。

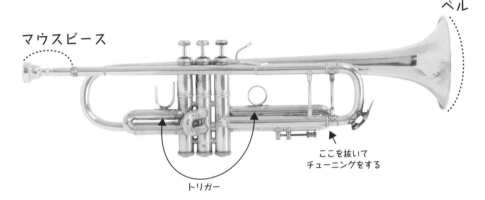

ベル

マウスピース

ここを抜いて
チューニングをする

トリガー

音域 COMPASS

B管の場合

実音

記譜
in B

トリガーを抜いたところ

SYSTEM
トリガーとは？

ヴァルヴを1本押すと管の全長が長い状態になるので、もう1本押したときに（押してない状態の比率に合わせた）迂回管では長さが足りなくなってしまう。それを補うために手動で迂回管を長くするのがトリガー。通常は2ヶ所に付いていてヴァルヴを複数押したときに使う。

HISTORY
昔のトランペットはこうだった

今から250年前のトランペットは、管の長さが現在の楽器の倍近くあり、ヴァルヴが付いていないシンプルな構造だった。出すことができる音は自然倍音に限られており、使われる調性も限定されていたので、信号やファンファーレで使われることが多く、現在でもトランペットの重要な役割になっている。

FORM
トランペットの構え方

右手の小指をフックに掛け、左手で楽器を軽く握って前方に向けて構える。ヴァルヴの操作は右手でおこなう。

CASE
トランペットのケース

マウスピースを外して本体はそのまましまう。楽器を持ち替えることが多いのでダブルケースもよく使われる。

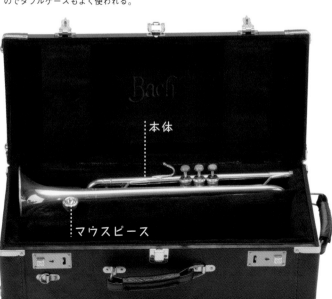

本体

マウスピース

楽器にまつわる Q&A

a.
ミリタリーホルン

b.
メロフォン

Q.

吹奏楽にはホルンよりも
メロフォンが
適していた？

A.

　古典派時代からオーケストラでは重要なポジションを担ってきたホルンであるが、吹奏楽では必ずしもそうではなかった。他の楽器よりも修得するのに時間がかかるという理由から、より簡単なアルトホルンにその座を奪われてしまったのだ。また、ホルンは長い管と小さい歌口で広い音域をカバーしていたが、吹奏楽の中では、ユーフォニアムやサクソフォンなど多くの楽器がホルンと同じ低音域を出すことができたので、ホルンが長い管で無理に低音を出す必要がなかったというのもあったのだろう。

　しかしながら、いくらアルトホルンの方が簡単に吹けたとしても、従来のホルンパートには、丸く巻かれてベルが後ろを向いた本物のホルンの概念が求められた。そこで、アルトホルンを丸くホルンのように巻いたミリタリーホルンやメロフォンが製作されたのである。管の上にベルに手を入れないというアルトホルンの特徴は残したものの、これらの楽器は、ホルンに代わる吹奏楽用の楽器として一時代を築いた。残念ながら吹奏楽の現場からメロフォンは姿を消してしまったが、ミリタリーホルンの方は現在でもドイツの軍楽隊で現役で活躍している。

楽器にまつわる
Q&A

a.
コルネット（ブリティッシュコルネット）

Q.

コルネットが
吹奏楽から
消えてしまった
理由は？

b.
アメリカンコルネット

A.

　一部ではリヴァイヴァルする動きはあるものの、吹奏楽でコルネット［a.］を使用する団体は昔ほどは多くない。その原因としては、コルネットをトランペットと別扱いする楽譜が少なくなってしまったことも考えられるが、それとは別に、仮にコルネットを使用しても思ったほどトランペットと違う音色が得られないということもあるようだ。

　コルネットはトランペットよりも円錐形の管の割合が多く、柔らかい音が得られるというのが定説である。けれども、実際に両者を比較してみると、実はトランペットの方が円錐部分が多いのだ。では、どうしてコルネットの方が柔らかい音がするのかと言うと、それは、トランペットよりも深いマウスピースを使用しているからに他ならない。それを、持ち替えの互換性を考慮してトランペットと同じ形状のマウスピースを使用してしまったのでは、トランペットとの音色の違いは表現しづらいのだ。

　さらにもう1つ、吹奏楽でコルネットを使用してもあまり効果が得られない最大の理由として、そもそもコルネットが柔らかい音を求めて指定されたわけではないということが挙げられる。今から100年前のアメリカの吹奏楽の世界では、まだトランペットの管長が長く軽快な旋律を吹くのには向いていなかったので、代わりにコルネットが旋律楽器としてメインで使われていたのだ（その影響で初期のジャズ奏者はみなコルネットを吹いていた）。つまり、この時代のコルネットには柔らかい音が期待されたわけではなく、あくまでも現在のトランペットと同じ性能が求められていたのである（この時代のアメリカのコルネットは、ブリティッシュコルネットと区別する形でアメリカンコルネット［b.］と呼ばれる）。

天使の声のような美しいハーモニー

トロンボーン

　テノールトロンボーンは、トランペットの倍の管長を持つ金管楽器で、他の金管楽器のようなヴァルヴではなく管を伸び縮みさせるスライドで音程を作っている。ストレートな管と前に向いた大きなベルが生み出す音はダイナミックで、大きな音で吹いたときに金属的で華やかな音が出る一方で、小さな音で吹いたときは暖かくソフトな音も出すことができる。同じテノールトロンボーンでも、管の太さが違うバリエーションがあり、クラシックでは大型の太管、ジャズでは細身でシンプルな細管を使うことが多い。吹奏楽では、テノール2本とバス1本の3パートでセクションを組むことが多く、3本で奏でたハーモニーの美しさはこの楽器の独壇場である。

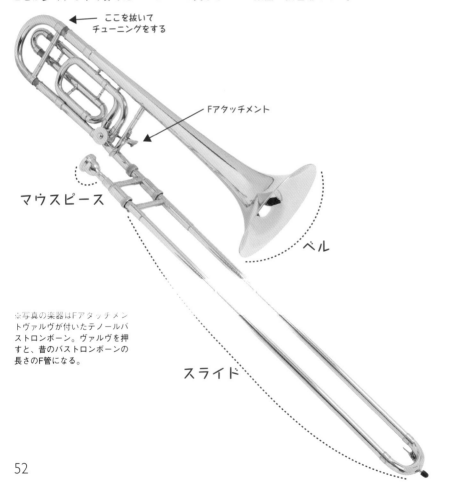

ここを抜いて
チューニングをする

Fアタッチメント

マウスピース

ベル

※写真の楽器はFアタッチメントヴァルヴが付いたテノールバストロンボーン。ヴァルヴを押すと、昔のバストロンボーンの長さのF管になる。

スライド

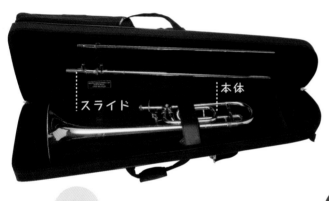

HISTORY
昔のテノールトロンボーンは こうだった

　今から300年前のテノールトロンボーンは、スライドを伸び縮みさせて音程を作る基本的な構造は現代の楽器と同じだが、管の太さやベルの大きさはかなり小さくトランペットに近い。大きな音量を出すことはできなかったが、人間の声に近いので合唱の伴奏に使われた。

スライド　本体

CASE
テノールトロンボーンのケース

マウスピースを外したあと、ベルセクションとスライドセクションに分けて両方が当たらないようにしまう。

FORM
テノールトロンボーンの 構え方

右手はスライドの操作をするので楽器は左手で支えなければいけない。Fアタッチメントは親指で操作する。

音域 COMPASS

実音／記譜

ペダルトーン（第1倍音）

テノールバストロンボーンのFアタッチメントを使用した場合

53

ハーモニーもベースラインも得意

バストロンボーン

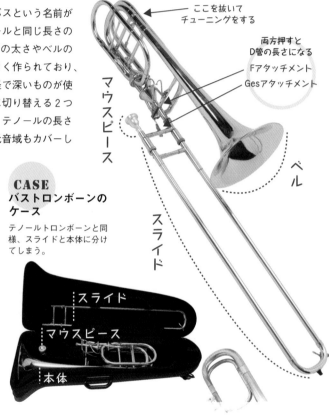

バストロンボーンは、バスという名前が付いているものの、テノールと同じ長さのB管のトロンボーンで、管の太さやベルの大きさはテノールより大きく作られており、マウスピースも大きな口径で深いものが使用される。通常は延長管に切り替える2つのヴァルヴを備えていて、テノールの長さでは出すことができない低音域もカバーしていて、音色もテノールよりも太く本来の管長の長いバストロンボーンに近い。オーケストラや吹奏楽では、トロンボーンセクションの最低音パートを受け持ちハーモニーを形成する他、チューバと組んでベースラインを担当することも多い。大きな音量で吹いたときは、合奏全体の響きの芯になって大きな効果を生む。

ここを抜いて
チューニングをする

両方押すと
D管の長さになる
Fアタッチメント
Gesアタッチメント

マウスピース

ベル

スライド

CASE
バストロンボーンのケース

テノールトロンボーンと同様、スライドと本体に分けてしまう。

スライド

マウスピース

本体

音域 COMPASS

実音／記譜

ペダルトーン
（第1倍音）

Fアタッチメントと
Dアタッチメントを
使用した場合

HISTORY

昔のバストロンボーンはこうだった

今から150年前のバストロンボーンは、テノールよりも長いF管かEs管であった。長い管はテノールとは異なる深い独自の音を生み出したが、スライドもテノールよりも長くなり人間の手の長さでは届かないので、ハンドルという金属製の把手で操作しなければいけなかった。

ヴァルヴトロンボーン

楽器にまつわる
Q&A

Q.
ヴァルヴトロンボーンは
最近まで軍楽隊で
使われていた？

A.

　トロンボーンと言えば、管を伸び縮みさせるスライドが最大の特徴であるが、19世紀には、そのスライド装置をやめて他の金管楽器のようにヴァルヴで音を変えるヴァルヴトロンボーンが流行した。とりわけ、隊員の短期養成が必要だった軍楽隊では、他の金管楽器と同じ操作で吹くことができるという理由で歓迎されたのである。以来、ドイツやイタリアの軍楽隊では、1970年代までスライドトロンボーンと併用される形でヴァルヴトロンボーンが使用された。日本の軍楽隊でも戦時中までは使用していたようである。

　軍楽隊でヴァルヴトロンボーンが好まれたのにはもう1つ理由がある。それは、スライドを伸ばすと2メートル近い長さになるスライドトロンボーンとは違ってあまりスペースをとらないという点。船の中の狭い場所や馬の上でも演奏しなければいけない彼らには都合が良かったのだ。多くのヴァルヴトロンボーンはトロンボーンの概念を残すためにスライドトロンボーンと同じ長さで作られたが、狭い場所でも演奏できるように短いショートタイプの楽器も作られた。

　現在ではヴァルヴトロンボーンを使う楽団はほとんど見られなくなってしまったが、フチークの行進曲《剣闘士の入場》など、明らかにヴァルヴトロンボーンを想定した速いスラーのパッセージが出てくる吹奏楽曲はたくさんある。

ビロードのような音色で魅了する

ユーフォニアム

ユーフォニアムは、上向きのベルに向かって次第に太くなっていく円錐形の管を持つ低音金管楽器。管長や音域はテノールトロンボーンと同じだが、非常に丸く柔らかい音色を持っている。もともとはイギリスのブラスバンドのために開発された楽器で、上級者向けのモデルは低音域の音程を補正するコンペセイティングシステムを搭載している。吹奏楽では、通常1パートが設けられていて、滑らかなソロやオブリガート（対旋律）を担当することが多く（この場合はテナーサクソフォンと一緒に演奏することが多い）、そのビロードのように美しい音色が活かされるが、それ以外にもトロンボーンやチューバと共に力強いパッセージを演奏することもこの楽器の重要な役割になっている。

音域 COMPASS

実音／記譜

ペダルトーン　　コンペセイティングシ
（第1倍音）　　ステムを使った場合

ベル

マウスピース

ここを抜いて
チューニングをする

SYSTEM
コンペセイティングシステムとは？

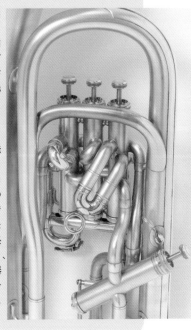

多くのユーフォニアムに装備されているコンペセイティングシステムというのは、「補正ピッチシステム」とも呼ばれ、4番ヴァルヴを押してF管の長さになったときに、B管用の長さの各抜き差し管をF管用の長さにするために、もう一度ヴァルヴに管を通して延長する仕組みのこと。発想自体はセミダブルホルンと全く同じである。もう1つコンペセイティングシステムのユーフォニアムには、4番ではなく3番ヴァルヴを押したときに、他のヴァルヴとの長さの不足分を補う楽器もあり、こちらは3本ヴァルヴの楽器に搭載されていて、バリトンホーンに組み込まれていることが多い（120ページ参照）。

FORM
ユーフォニアムの構え方

楽器本体を左脇に引き寄せて左手で楽器を支える。多くの楽器は4本目のヴァルヴを左手人指し指で操作する。

本体

CASE
ユーフォニアムのケース

マウスピースを外して本体をしまう。ケースが重いので、持ち歩くときは軽いソフトケースを使う奏者が多い。

57

どっしりとしたサウンドでバンドを支える

チューバ

ベル

マウスピース

ここを抜いて
チューニングをする

チューバは、金管楽器の最低
音域を担当する大型の楽器で、
円錐形の管と上を向いた太いベ
ルを備えている。ただし、チュ
ーバと一口に言ってもその種類
は様々で定義するのは難しい。
大雑把に分けると、B管やC管
の長いコントラバスチューバ、
F管やEs管のバスチューバの２
系統があり、日本の吹奏楽では
前者が多く使われている（右の
写真はB管コントラバスチュー
バ）。どのチューバも非常に重
厚でどっしりとした響きを持っ
ていて、吹奏楽ではバンド全体
を支える大事な役割を担ってい
る。また、吹奏楽で、チューバ
パートに英国式ブラスバンドの
Es管バスやB管バスを使うこと
も少なくなく、これらも含めて
広義でチューバと呼ばれること
が多い。

音
域 COMPASS

実音／記譜

〔 〕：4本ヴァルヴの楽器の場合

VARIATION
バスチューバと
コントラバスチューバはどこが違う？

　ドイツでは、F管のバスチューバ（左の写真）とB管のコントラバスチューバが組み合わされて使用されることが多いが、実はこの2つの楽器は全く違うルーツを持っている。F管のバスチューバは、それまで使われていたF管のボンバルドンの低音域を拡張するためにヴァルヴの数を増やしたのに対して、B管のコントラバスチューバはボンバルドンがそのまま太くなったものである。また、前者はヴァルヴの数が5〜6本なのに対して、後者は3〜4本しかない。

FORM
チューバの構え方

楽器の高さによるが、基本的には膝や椅子に置いて左手で支える。スタンドを使って高さを合わせることもある。

本体

CASE
チューバのケース

マウスピースを外して本体をしまう。ケースが非常に重いので持ち歩くときはソフトケースを使う奏者が多い。

59

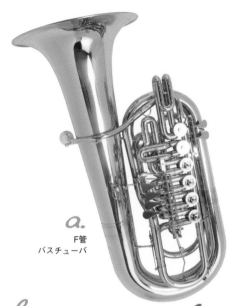

a.
F管
バスチューバ

b.
Es管バス

楽器にまつわる
Q&A

Q.
Es管も組み合わせると
吹奏楽には
効果的？

A.

　現在、吹奏楽で使われているチューバは、最も管長の長いB管が大半を占めているが、吹奏楽全体の響きや歴史を考えると、それとは別にEs管チューバも加えた方がさらに高い効果を生む。と言うのも、吹奏楽の響きの核になるクラリネットセクションやサクソフォンセクションは、ソプラノからコントラバスまでB管とEs管の組み合わせでファミリーを組んでいて、本来なら金管楽器もそれに準ずるべきなのだが、現在の吹奏楽では一部の例外を除いて金管楽器はB管だけで構成されていて、その間を埋めるEs管の響きが欠如してしまっているからだ。

　本来なら、英国式ブラスバンドのように、B管のユーフォニアムとその1オクターブ下のコントラバスチューバの間にEs管のバスチューバが入るべきなのだが、チューバの楽譜が実音表記されているために、楽器の調性の選択が奏者の判断に委ねられてしまったのが原因だろう（ブラスバンドでは、各パートがト音記号の移調譜で記されているので楽器の調性は厳密に守られている）。

　実際、ドイツの軍楽隊やルーマニアのロマバンドでも、B管のコントラバスチューバとF管やEs管のバスチューバ[a.]が組み合わされてセクションを組んでいることが多く、両方の楽器がオクターブに分かれたときの効果は侮ることはできない。現在、日本でもこの効果を狙ってブラスバンドのEs管バス[b.]を吹奏楽に加える団体が増えてきた。

column
様々な楽器に
影響を与えた
オフィクレイド

オフィクレイド

左の写真は「オフィクレイド」という楽器である。サクソフォンと金管楽器を合わせたようなこの楽器は、1817年にフランスで発明され、以来、金管セクションを支える重要な存在として19世紀後半まで活躍した。

オフィクレイドは、金管楽器であるにもかかわらずキーの開閉で音を変えるシステムを持っているため、時代遅れで性能が悪いという先入観が持たれがちであるが、実はこの楽器のシステムは当時としては画期的なもので、意外な楽器たちに影響を与えたことはあまり知られていない。

まず1つはサクソフォン。サクソフォンを開発したアドルフ・サックスやその父親シャルル・サックスは、自身でオフィクレイドを製作しており、クラリネット奏者でもあったアドルフがそのマウスピースを装着したことからサクソフォンを思い付いたという説もある。また、半音順に開けた大きなカップキーを操作するという発想は、のちのベーム式フルートに何らかの影響を与えたと思われる。

また、オフィクレイドは金管楽器にも大きな影響を与えた。オフィクレイドは、両手で操作することで第1倍音（基音）まで半音階で下がることができるので、非常に広い音域を持っており、最低音はHまで下がることができたのだが、チューバの前身の楽器が開発されたときに、オフィクレイドパートの最低音まで出るようにF管になり、現在のバスチューバの調を決定付けたという経緯がある。イギリスでは、19世紀後半にオフィクレイドのソリストがユーフォニアムに乗り換えたため、ブリティッシュタイプのユーフォニアムには、やはりHの音が出せるコンペセイティングシステムが搭載されている。

Ophicleide

ピチカート奏法が光る唯一の弦楽器

コントラバス

ペグ

ここで弦を巻いて
チューニングをする

　コントラバスは、吹奏楽に唯一含まれる弦楽器で（稀にチェロが使われることはある）、最低音域を担当している。ヴァイオリンファミリーの一員に含まれているが、5度調弦ではなく4度調弦である点はヴィオラ・ダ・ガンバなどのヴィオール属に近い。大きなボディが生み出す響きは非常に豊かで、合奏全体を支えることができる。通常は弓で弾くが、指で弦を弾く「ピチカート」で演奏されることもある。吹奏楽では、チューバと共にバンドを支えるベースラインを演奏していて、あまり目立つことはないものの、その存在価値は大きい。調弦がエレキベースと同じなので、吹奏楽でポップスを演奏するときはコントラバス奏者がエレキベースに持ち替えることも多い。

音域 COMPASS

実音

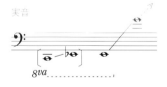

記譜

〔　〕：5弦コントラバスの場合

HISTORY
昔のコントラバスはこうだった

　今から300年前のコントラバスは、小型のものから大型のものまで様々な種類があり（現在のコントラバスの1オクターブ上の楽器もあった）、弦の数も3～6本と楽器によって異なっていた。また、ギターやヴィオラ・ダ・ガンバのように指板にフレットが付いていることも多かった。

FORM
コントラバスの構え方

本体はエンドピンで床に固定し、身体に引き寄せて、右手に弓、左手に竿を持つ。専用椅子に座る場合もある。

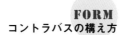

曲中の盛り上げ役ナンバーワン

ティンパニ

　ティンパニは、はっきりとした音程を持つ太鼓として、昔からオーケストラで活躍している打楽器。通常は2〜5個並べて1人の奏者が2本のマレット（バチ）で叩き、曲の中で盛り上げるときはトレモロで奏される。多くの楽器は、足のペダルの操作で瞬時に音程を替える装置を備えたペダル式ティンパニで、稀にハンドルの操作で音程を替えるハンドル式ティンパニも使用されている。現在の吹奏楽では、コンサート形式の楽曲では常時ティンパニを使用しているが、行進するときは楽器を担いで演奏するのが困難なのでマーチングで使われない（ただし、ドイツの軍楽隊では前方の複数の人間が持って後ろの人が叩いて行進することもある＝81ページ参照）。

釜（ケトル）　　　　　　　　ヘッド

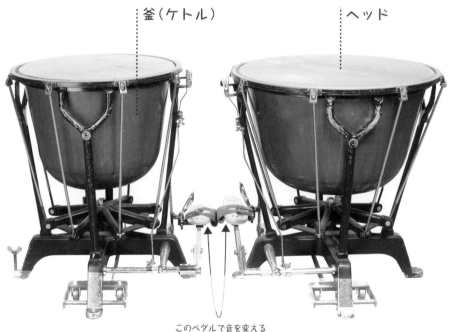

このペダルで音を変える

COMPASS

実音／記譜

HISTORY
昔のティンパニはこうだった

今から250年前のティンパニは、現在の楽器よりも釜の大きさが小さく、ペダルなどのメカニズムのないシンプルな構造だった。皮製のヘッドを木のマレットで叩いたので、スリムな響きを持ち、細かい音符をはっきりとした粒立ちで奏することが可能だった。

FORM
ティンパニの構え方

楽器を自分の周りに並べて叩く。立って叩く場合と自由な方向に回転する専用椅子に座って叩く場合がある。

Q.

管楽器と打楽器だけの吹奏楽に
どうして
弦楽器のコントラバスが
入っているの？

A.

　吹奏楽は、その名のとおり、息を吹き込んで音を出す管楽器と打楽器が主体のアンサンブルで、ヴァイオリンやチェロなどの弦楽器は含まれていないが、唯一の例外として、多くの吹奏楽団体の編成には弦楽器のコントラバスが含まれている。

　これは、吹奏楽のルーツであるハルモニームジーク（82ページ参照）から続く伝統で、チューバやバリトンサクソフォンなどの低音楽器が発明される前の時代は、野外の音楽でも弦楽器のコントラバスが重宝されたのだ（「13管楽器のためのセレナーデ」という愛称で知られるモーツァルトのセレナーデ第10番K.361も、オリジナルの編成は12本の管楽器とコントラバスが指定されている）。そのため、肩から吊るす行進用のコントラバスなども使用されたが、さすがに軍楽隊には適していないということで、やがてコントラファゴットやバスチューバにその座を奪われてしまった。

　ところが、コントラバスは吹奏楽で全く使われなくなったわけではなかった。行進ではなく、コンサートでオーケストラの編曲作品を演奏する団体では、バンドの最低音域を担当する楽器として使用されたのである。国によってはチェロも加えられることもあったが、以来コントラバスは、吹奏楽に欠かすことができない存在となったのだ。

楽器にまつわる
Q&A

Q.

ティンパニの並べ順が
ドイツとアメリカで
反対になった理由は？

a.
ドイツ式のティンパニの並べ方

b.
アメリカ式のティンパニの並べ方

A.

　ティンパニは、もともとトルコの軍楽隊が敵を攻める際に、馬上で叩いていた太鼓が西欧に伝わったものだと言われている。この際、馬の背の両側に釜をぶら下げていたことから、ティンパニは常に2個ペアで使われるようになった。以来、主音と属音を叩くようになったが、ドイツでは低い音の方をしっかり鳴らすために、利き手の右側に大きい釜を持ってくる伝統が続いている［*a.*］。この背景には、中世以来、ティンパニ奏者とトランペット奏者が、宮廷に雇われる高い地位にあり、古くからの伝統を大事にしていたことも無関係ではない（一説には、左側から馬に乗るときに大きい方の釜があると邪魔だったからという）。

　一方、宮廷とは無関係で、ティンパニを打楽器の一員として捉えていたアメリカでは、マリンバやシロフォンなどの鍵盤打楽器と同じように、大きい方のティンパニを左側に並べるようになった［*b.*］。これは、他の打楽器と頻繁に交代するアメリカならではの伝統だと言っていいだろう（しかしながら、ドラムセットはドイツのティンパニのように右手側に大きい太鼓を持ってきている）。

　ちなみに、日本の吹奏楽団では、大半の奏者が後者のアメリカ型を採用しているが、ドイツ型にもメリットがたくさんあるので、伝統にとらわれず両者を試すようになってもいいかもしれない。

音楽を盛り上げ、聴衆の心を躍らせる

標準的に使う打楽器

　吹奏楽では各種打楽器も重要な役割を担っている。とりわけ、行進曲で大活躍するスネアドラム、バスドラム、シンバルは欠かすことのできないもので、この3種の楽器によるドラムマーチも聴き手の心を躍らせる魅力がある。この他に、音楽を盛り上げる効果があるサスペンダーシンバルやタムタム、全体の響きのスパイスとして色を添え民俗情緒を感じさせるトライアングル、タンバリン、カスタネットなども吹奏楽の標準的な打楽器としてポピュラーな存在だ。

スネアドラム

　いわゆる「小太鼓」のこと。通常は、底面に張った「スナッピー」と呼ばれる金属製の響き線を共鳴させることで切れの良い音色にして使う。小気味良いリズムを得意とする。

バスドラム

　いわゆる「大太鼓」のこと。マーチなどでビートの頭を打つ役割を持つ他、深い胴を持つ大型の楽器で一打やトレモロを奏でたときは、空気を震わせるような深い音を生む。

（クラッシュ）シンバル

　2枚の円盤を合わせて叩くクラッシュシンバルは、マーチなどでリズムを刻む他、大きいサイズの楽器で派手に叩けば、曲のクライマックスを華やかに盛り上げる効果がある。

サスペンダーシンバル

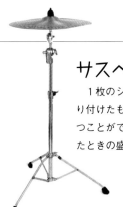

1枚のシンバルをスタンドに取り付けたもので、スティックで打つことができる。トレモロを奏したときの盛り上げの効果も絶大。

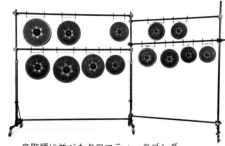

音階順に並べたクロマティックゴング

タムタム（銅鑼）

中国生まれの金属製打楽器。大きい口径のものを使えば、弱く叩いたときは深く空気を震わせるような効果を生み、強く叩いたときは派手なサウンドをもたらす。

VARIATION

**タムタムと
ゴングの違いは？**

タムタムとゴングは、外観や用法がよく似ているので混同されることが多いが、タムタムが一定の音高を持たないのに対して、中央に突起部分を持つゴングは明瞭な音高を持っているという違いがある。そのため、後者は音階順に並べて使用されることが多い。

トライアングル

シンプルな楽器だが音が澄んでいるので他の楽器が大音量で鳴らしているときでもよく聞こえる。

カスタネット

スペイン情緒のある曲では欠かすことができない楽器。舞踏のリズムを鮮やかに刻む。

タンバリン

こちらも民俗情緒たっぷりの楽器。手で叩く以外に皮をこすったりスティックで叩く奏法もある。

旋律の輪郭をはっきりさせる

音階を持つ打楽器

打楽器の中には、音高順に木や金属の板を鍵盤状に並べて叩く鍵盤打楽器がある。いわゆる「木琴」の仲間のシロフォン、マリンバの他、金属板を叩くグロッケンシュピールやヴィブラフォンもそれに該当する。他に、グロッケンシュピールのような鉄琴を内蔵して鍵盤で叩くチェレスタや、弦をハンマーで叩くピアノも打楽器の一種として使われることがある。いずれも鍵盤で操作するので、速いパッセージやグリッサンドを得意とする。

シロフォン

厚みのある鍵盤を硬いマレットで叩くので、非常に甲高くて通る音がする木琴。合奏の中で管楽器と同じメロディを叩くと輪郭をはっきりさせる効果がある。

マリンバ

鍵盤は大きな共鳴管を持ち、シロフォンよりも柔らかいマレットで叩くので、豊かで柔らかい音がする。音域も広く、主に独奏楽器として使われることが多い。

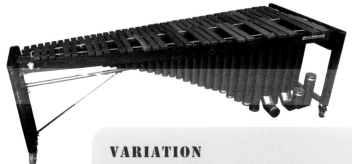

VARIATION

シロフォンとマリンバの違いは？

どちらも木の鍵盤を叩く木琴であるが、叩くマレットの硬さが違うのでその音色はかなり違う。硬いマレットで叩くシロフォンが甲高く通る音がするのに対して、柔らかいマレットで叩くマリンバは響きが豊かで余韻も長い。共鳴管もマリンバの方が大きく、響きをより深くしている。

グロッケンシュピール

　小型の鉄琴で非常に澄んだ可愛らしい音
がする。もともとは行進時に叩くベルリラ
から発展した楽器なので意外に音は通る。

ヴィブラフォン

　共鳴管の内部の電動ファンを回転させて
ヴィブラートをかけることができる鉄琴。
神秘的な音がして、ジャズでも使われる。

チェレスタ

　グロッケンシュピールのような鉄琴を内蔵して鍵
盤で叩く楽器。ただし、ピアノのようにフェルトを
巻いたハンマーで叩くので、グロッケンシュピール
よりも柔らかくメルヘンチックな音がする。

ピアノ

　お馴染みのピアノ。これも弦をハンマー
で叩くので打楽器の仲間とみなされること
もある。合奏で聞こえにくい高音や低音の
メロディに加わることで輪郭をはっきりさ
せる効果もある。

71

カーニヴァルのような雰囲気を醸し出す

ラテン音楽で使う打楽器

　ブラジルやキューバなど南米の音楽では、リズムを奏でる様々な打楽器が大活躍する。どれもカーニヴァルのような賑やかで陽気な雰囲気を演出するものばかりで、ラテン音楽だけでなくポップスのステージでも欠かすことができない。これらの楽器に共通するのは、クラシックのような弱音ではなく、常に大きな音で叩かなければ効果が出ないということである。

コンガ

ボンゴよりも大きい低音の太鼓。やはり2個1組で用いられ素手で叩く。

ボンゴ

　円錐形のボディを持つ小型の太鼓。2個1組で用いられ通常は膝に挟んで素手で叩く。

ティンバレス

　元来はティンパニの代用として生まれた楽器で、金属製の胴の上側に張ったヘッドをスティックで叩く。

スルド

　筒状の胴の両面にヘッドを張った低音の太鼓。片手でバチを叩き、もう一方の手はミュートをしたりする。

バンド全体をリードするリズム体

ポップスで使う打楽器

　吹奏楽のステージでは、ポップスやジャズのナンバーを演奏することが多いが、その際は、ドラムセット、エレキベース、ピアノのリズム体が参加するのが望ましい。特にドラムセットとエレキベースは常に大きな音で演奏すると効果的で、指揮者はキュー出しをする程度にしてドラムセットがバンド全体のリズムをリードするとポップスらしさが演出される。

ドラムセット

　1人の奏者が、スネアドラム、バスドラム、シンバル、タムタムなどの打楽器を全て叩くことで、ポップスやジャズ特有のノリの良いリズムを実現できる。もともとは、軍楽隊が行進するときにバスドラムの上にシンバルを載せて叩いたことから始まった。

エレキベース

　ポップスのベースラインを奏する重要な楽器。コントラバス（ウッドベース）をピチカート中心で弾く場合もあるが、ギターの形にしたベースギターが多く用いられる。

エレキギター

　必ずしも必要ではないが、ロック系の作品に導入すると効果がある。コードのアルペジオを弾いたり、各種テクニックを盛り込むと雰囲気が出る。

73

自然や生活の音を再現する

効果音として使う打楽器

打楽器には、描写音楽の中で自然音や生活音を表現するための擬音として使われるものがある。ウインドマシーンやサンダーシートのように日用品を工夫することで似た音を出す装置から、鐘やサイレンなど、実際に本物を鳴らすものまで様々で、曲によっては電気的に録音したものを流す指示があることもある。これらの楽器は、本来、自然音や生活音の描写が目的であったが、曲を盛り上げる効果音として使われる場合も多い。

サンダーシート

金属の薄い板を揺らすことで落雷の音を描写する装置。R.シュトラウス／交響詩《アルプス交響曲》の嵐の場面で落雷の音の描写として使われている。

ウインドマシーン

歯車状になった筒と大きな布を擦り合わせることで風の音を表現する装置。嵐の場面（R.シュトラウス／交響詩《アルプス交響曲》）や空中を飛行するシーン（同／交響詩《ドン・キホーテ》）で使われる。

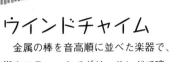

ウインドチャイム

金属の棒を音高順に並べた楽器で、指やスティックでグリッサンドで鳴らす。風鈴や風を連想させる涼しげな音がする。

チューブラーベル

本来は教会の鐘を描写するために用いられるが、音階順に並べてハンマーで叩くことで簡単なメロディを奏でることができる。非常に祝祭的な雰囲気を演出することができる。

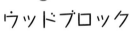

ウッドブロック

木魚から発展した楽器で、馬の蹄の音やユーモラスな時計の描写などに使われる。

スレイベル

鈴をたくさん付けた楽器で、クリスマスのそりの描写には欠かすことができない。

ラチェット

木製の歯車を回すことでガラガラというおもちゃの音を出すことができる。

スラップスティック

2枚の木を打ち合わせることで鞭を打つ音の描写になる。効果音としても使用される。

75

金管楽器のミュート（弱音器）

column

17世紀のトランペット用
ミュート（レプリカ）

金管楽器のミュートの歴史は古く、17世紀の作品には既に指定されている。当時のミュートは木製で、ベルを完全に塞いで中央に開けた小さい穴から音を出す現在のホルンのゲシュトップミュートと同じ構造だった（左の写真）。当時のトランペットでは全音分高くなるので、移調用としても使われた。また、葬儀の行進で使われたことから、死や葬送の場面で使う伝統もあり、20世紀に入ってジャズの影響で音色の変化に使うようになるまでその用法は続いた。

クラシックで使うミュート

20世紀までは、音を弱くするために作られたストレートミュートだけが使われた。古典派時代までのミュートとは異なり、ミュートとベルの間の隙間から音を出す仕組みなので、音程はそれほど変化しない。

ストレートミュート（木製）

弱く吹いたときに柔らかい音がするので、弱音で木管楽器と一緒に演奏するときなどに適している。

ストレートミュート（金属製）

強く吹くと金属質の音がするので、近代のレパートリーで強奏で鋭い音が欲しいときに適している。

撮影：著者

ジャズや
ポップスで使う
ミュート

　ジャズが流行した20世紀初頭には、音色を変化させるために様々なミュートが考案された。本来はマイクを使って演奏することを前提にしており、見た目の効果も狙っている。

ワウワウミュート

　ベルをぴったりと塞ぐゲシュトップミュートの構造をしているが、内部で管の通り道を長くしているので音程は高くならない。先端の部分を手でかざすことでワウワウという効果が出る一方で、先端の管を外すとチーという独特な音になる。

カップミュート

　ストレートミュートの周囲にカップ状の反射板を取り付けたことで、ストレートミュートよりもこもった柔らかい音になる。

バケツミュート

　ベルの前方に綿の入った円筒の箱を取り付けることで、非常にソフトな音になるミュート。ホルンのような音を出すときに便利。

ハットミュート

　その名のとおり帽子の形をしたミュートで、ベルにかざして開閉させることで音を変化させる。ショーとしての効果が大きい。

プランジャーミュート

　用法はハットミュートと同じ。プランジャーは本来トイレが詰まったときに使う道具で、その先端のゴム部を利用した。

Mute

ホルンの
ミュートの違いはどうなっている？

ホルンのミュートには、ストレートミュートとは別に、ベルをぴったり塞いで金属質の音にするゲシュトップミュートがある。この場合は、手でゲシュトップとしたときと同じように音程が高くなるので（F管でほぼ半音高くなる）、ヴァルヴで半音下げなければいけない。各々がどういう風になっているのか、半分に切断したベルでご覧いただこう。

手によるゲシュトップ

手首を曲げてぴったり塞いでいる。

ストレートミュート

ミュートはベルに密着しないのでその隙間から音が出る。

ゲシュトップミュート

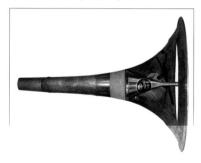

コルクでぴったり塞いでミュートの中央の小さい穴から音が出る。

Mute

ゲシュトップミュート、ストレートミュート撮影：著者

78

吹奏楽の歴史

History of wind orchestra

現在、吹奏楽で演奏されるレパートリーは、

近年新しく書かれた曲が多数を占めているが、歴史をひも解いてみると、

意外な大作曲家が吹奏楽のために曲を書いていることが分かる。

ただし、管弦楽以上に、

吹奏楽は過去と現在で楽器の編成が著しく異なっているので、

それらの作品を本来の姿で鑑賞するのは難しいのが現状だ。

そこで、この章では、大作曲家が書いた名曲で使われている楽器や

各国の吹奏楽で使われていた独自の楽器をご紹介していこう。

トルコの軍楽隊から始まった

吹奏楽のルーツ

　現在の吹奏楽のルーツは、十字軍遠征やオスマントルコの侵略の際に、軍隊の先頭で演奏したトルコ軍の軍楽隊だと言われている。馬に乗って打ち鳴らすティンパニと咆哮するトランペットの威圧感に当時の西欧人は圧倒され、すぐさま彼らの真似をして、各国の王室がトランペット奏者とティンパニ奏者を雇うようになったのだ。18世紀のトルコ軍のウィーン包囲の際も、彼らが打ち鳴らすシンバル、大太鼓などが西欧人に大きな影響を与え、モーツァルトやベートーヴェンの時代には、シンバルや大太鼓、トライアングルを加えたトルコ行進曲が流行。やがて、この音楽がフランス革命をきっかけに大編成化していって軍楽隊の祖になった。

現在のトルコの軍楽隊

　メフテルというトルコの軍楽隊。ズルナと呼ばれるダブルリードの木管楽器、ボルと呼ばれる長いトランペット、ダウルという太鼓、キョスというティンパニ、ズィルというシンバルなどが使われている。

トランペットやティンパニだけでなく、シンバルや大太鼓などもトルコの軍楽隊の影響で導入されたもので、現在でもシンバルの多くはトルコをルーツに持つメーカーで生産されている。

トルコの軍楽隊で使われている楽器

キョス

ズルナ

ズィル

ダウル

行進用のティンパニもある？

column

a.
行進用のティンパニ

かつては馬上に載せたり奴隷に担がせたりして行進の先頭で叩かれたティンパニであったが、楽器が大型化して重量が重くなるにつれて行進には使わなくなった。けれども、世界中で全く使われなくなったわけではない。ドイツの一部の伝統的な楽団では、現在でも奏者以外の２人のメンバーが両側で楽器を持ち上げてサポートすることで、ティンパニを行進の先頭で使用している[*a.*]。写真のシュネーベルク鉱山音楽隊では、ティンパニだけでなく、ターキッシュ・クレッセント（鈴が付いた三日月状のシンボル）も行進の先頭で使われていて、トルコの軍楽隊の影響を色濃く残している[*b.*]。

b.
シュネーベルク鉱山音楽隊

Timpani

モーツァルトも吹奏楽のルーツだった!?

ハルモニームジーク

　吹奏楽のもう1つのルーツは、18世紀にヨーロッパで流行した「ハルモニームジーク」と呼ばれる小編成の管楽合奏である。ボヘミアからの出稼ぎ音楽家によるクラリネットやホルンが加わり、オペラの編曲作品などを演奏してオペラを聴きに行くことができない大衆を楽しませた。やがて、ウィーンで皇帝ヨーゼフ二世が、オーボエ2本、クラリネット2本、ファゴット2本、ホルン2本の八重奏団を常設するようになると、貴族たちが自前の楽団を持つようになり急速に普及した。その後、この編成に打楽器や低音を補強するセルパン、コントラファゴットなどが加えられるようになり、前述のオスマントルコの楽器なども加わって軍楽隊へと発展した。

モーツァルト時代（18世紀後半）の 標準的なハルモニームジークの編成

　オーボエ2本、クラリネット2本、ファゴット2本、ホルン2本の八重奏。モーツァルトはこの編成のために多くの名曲やオペラの編曲を残した。俗に「13管楽器のためのセレナーデ」と呼ばれるモーツァルトのセレナーデ第10番変ロ長調《グラン・パルティータ》K.361は、この編成にバセットホルン2本、ホルン2本、コントラバスを加えたものである。

| オーボエ 2本 | クラリネット 2本 | ファゴット 2本 | ホルン 2本 |

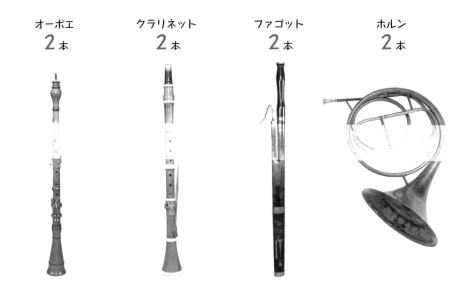

バロック時代（18世紀前半）にも
大編成の管楽合奏があった？
～ヘンデルの《王宮の花火の音楽》

column

2008年10月にコンセール・スピリチュエル（エルヴェ・ニケ指揮）のメンバーとして来日し、ヘンデルの《王宮の花火の音楽》初演当時の姿を再現したトランペット奏者のジャン＝フランソワ・マドゥフとホルン奏者のピエール＝イヴ・マドゥフ。片手で楽器を持つ当時の構え方を再現してもらった。

　ドイツ人でありながらイギリスに渡って活躍したバロック時代の作曲家G. F. ヘンデルの《王宮の花火の音楽》は、その名のとおり、花火の打ち上げの前後に野外で演奏するために作曲された。この初演の際、オーボエ24本、ファゴット12本、トランペット9本、ホルン9本、ティンパニ3人の他、セルパンやコントラファゴットなどが加わった管楽器と打楽器のみによる巨大な編成で演奏されたので、ある意味、この曲が吹奏楽の元祖とも言える。

　同じヘンデルの《水上の音楽》と共に、ここで最も活躍するのはトランペットとホルン。当時、トランペットは宮廷や軍隊の合図の楽器であったが、ホルンも現在のような柔らかい音の楽器ではなく、トランペットと同じように華やかな音でファンファーレを吹き鳴らす楽器だったのだ。モーツァルトの時代には、ホルンは、右手をベルに差し入れて音程を調整していたが、この時代のホルンは、トランペットと共に、片手で構えて唇の調節だけで高らかに吹き鳴らしていたのである。

Baroque age

ハルモニー楽団から吹奏楽団へ

メンデルスゾーンの時代
～ハルモニームジークのための序曲Op.24

当初は1824年に11人編成のハルモニー楽団のための《ノットゥルノ》として作曲されたが、1838年に23本の管楽器と4種の打楽器用に改訂された。19世紀前半にハルモニー楽団から吹奏楽団（軍楽隊）に変化していった過程がよく分かる。

木管楽器　金管楽器　打楽器　弦楽器

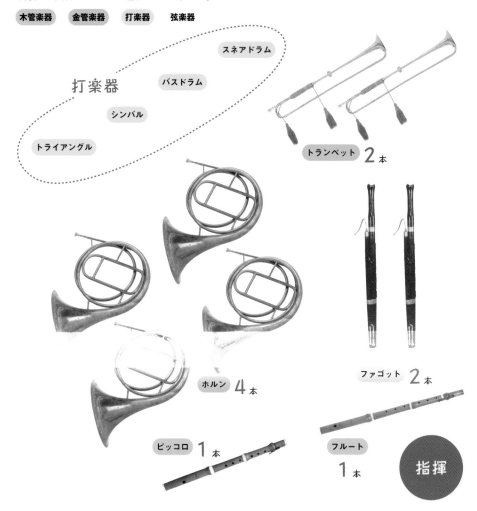

スネアドラム

打楽器

バスドラム

シンバル

トライアングル

トランペット　2本

ホルン　4本

ファゴット　2本

ピッコロ　1本

フルート　1本

指揮

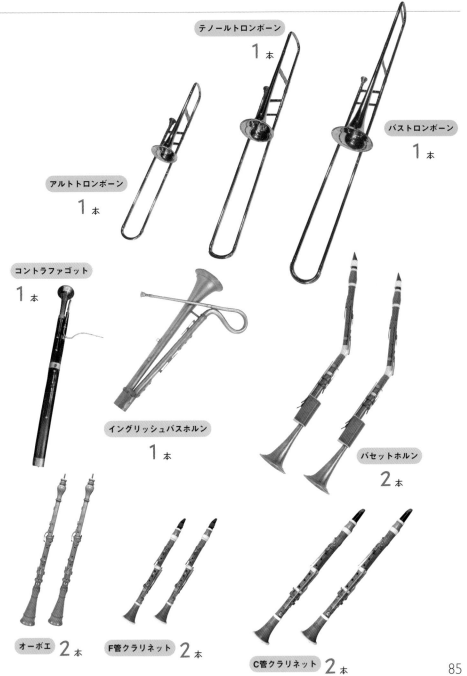

テノールトロンボーン
1 本

バストロンボーン
1 本

アルトトロンボーン
1 本

コントラファゴット
1 本

イングリッシュバスホルン
1 本

バセットホルン
2 本

オーボエ 2 本

F管クラリネット 2 本

C管クラリネット 2 本

シャープ系からフラット系へ
変化した吹奏楽

column

18世紀、フランスの宮廷やその影響を受けた地域の管楽合奏曲の多くがニ長調やハ長調で書かれていた。これは、宮廷で使われていた管楽器がD管やA管などシャープ系の調性のものが主流だったためで、同じく宮廷の花形楽器であるヴァイオリンの調弦がE-A-D-Gというシャープ系だったことも関連していると思われる。

それに対して、ウィーンやボヘミアのハルモニームジークで使われたクラリネットはB管、ホルンはEs管とフラット系のものが多く、その楽曲の多くも変ホ長調や変ロ長調などフラット系が主流だった。

この違いがいったいどこから生じたのかと言うと、実は、チューニングの基準になるピッチが地域で異なっていたことが背景にある。当時のフランスやその周辺地域では、フランスピッチやカンマートーンと呼ばれる低いピッチが使わ

れていたのに対して、ドイツやボヘミアなどでは、それよりも１音以上高いコアトーンと呼ばれるピッチが使用されていたことが当時の文献には記されている。この時代、中間に位置するオーストリアや南ドイツでは、フランス生まれの低いピッチの木管楽器と、ドイツ生まれのピッチの高い金管楽器が混在する事態が起きており、ピッチの高いD管の金管楽器は実質的にはEs管に、A管はB管に変化した。

これら、ピッチの高い金管楽器とボヘミアのフラット系の木管楽器が、市民革命で宮廷からリストラされた演奏家たちによって軍楽隊にもたらされたことで、軍楽隊のピッチはオーケストラよりも半音高いBやEsが基準音になったのである。現在でも、吹奏楽がオーケストラよりも半音高いBの音でチューニングしているのはこのためなのだ。

オーボエはなぜ特殊楽器と
呼ばれるようになったのか？

column

　今から300年前のバロック時代、野外の管楽合奏の主役はオーボエとファゴットであった。ところが、19世紀になって今日の吹奏楽の祖となる軍楽隊が形成されると、その地位はクラリネットに奪われてしまった。この背景には、クラリネットの方がオーボエよりもリードの構造がシンプルで扱いが楽だったということがある。興味深いことに、19世紀の半ばにはベームシステムのクラリネットと同じ指使いで吹くことができるベームシステムのオーボエも開発され、さらにリードソケットにクラリネットと同じ仕組みの小さいマウスピースを挿す器具なども生み出されて、クラリネット奏者が持ち替えて吹こうとした時代もあったのだ。

　さらに、オーボエが吹奏楽から遠ざけられた背景として、クラリネットが民衆の楽器として発展したのに対して、オーボエがフランスの宮廷用に開発されたという事実も忘れてはならない。フランス革命時の軍楽隊は、まさに民衆の力の象徴であり、それまで支配してきた宮廷に対する抵抗の気持ちが強かったので、バロック時代に王室や貴族に親しまれたオーボエは、チェンバロやトランペットと共に旧体制の楽器とみなされてしまったのだ。以来、吹奏楽がコンサートバンドとしてオーケストラの編曲作品をレパートリーにするまでオーボエは吹奏楽で主役になる機会を失ってしまったのである。

Oboe

19世紀の吹奏楽における
コントラファゴットの変遷

column

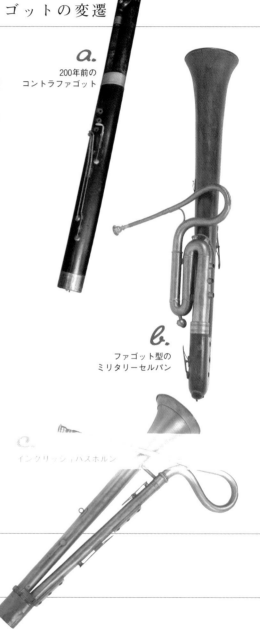

a.
200年前の
コントラファゴット

b.
ファゴット型の
ミリタリーセルパン

c.
イングリッシュバスホルン

　18世紀末、ハルモニームジークを拡大した軍楽隊が編成されるようになったとき、その低音パートをつとめる楽器は、弦楽器のコントラバスと木管楽器のコントラファゴット[**a.**]しかなかった。しかしながら、どちらの楽器も重量が重く、野外で演奏するのには適していなかったので、それに代わる軽量な楽器が必要になった。

　そこで白羽の矢が立ったのが、リップリードで奏するセルパンだったのだが、蛇の形をしたセルパンは、重量は軽いものの、行進で構えるのに適した形ではない。ということで、行進で構えやすいファゴット型のフォームにしたミリタリーセルパン[**b.**]が使われるようになり、さらにこの楽器を製作が容易なファゴットのボディにしたバスホルンが普及したのである（イギリスではボディを金属製にしたイングリッシュバスホルン[**c.**]が使われ、メンデルスゾーンは吹奏楽曲でこの楽器を指定している＝85ページ参照）。

　興味深いのは、1840年代にドイツを訪問したベルリオーズの報告によると、ドイツの音楽家たちはこのバスホルンのことをコントラファゴットと呼んでいたらしい。では、本家のコントラファゴットはどうしたかというと、やはり軽量化して行進に適した形にするために、結果としてバスホルンと似た外観になっていったのだ。

当時、コントラファゴットの軽量化の試みとしておこなわれたのが、ボディを金属製にすること。ただし、軽量化には成功したものの、薄い金属では、従来の厚い木製の管壁に斜めに孔を開けることで遠い位置の孔を直接指で開閉する構造が実現できないという代償を伴ってしまったのである。そこで、金属製のコントラファゴットは、管の途中に半音順の大きな孔を開け、それをカップキーで遠隔操作するという全く新しい構造を採用したのだ[*d.*]。このシステムは、金管楽器のオフィクレイドやそのアイデアを踏襲したサクソフォンと同じで、該当のキーを押せばその音が出る合理的な運指は、楽器に不馴れな新しい軍楽隊員にも歓迎されたようである（さらにメカニズムを加えてピアノと同じ鍵盤で操作するコントラファゴットも開発された）。

その後、コントラファゴットは各国で独自の発展を遂げたのだが、オーケストラで使用するには1つ大きな問題があった。それは、通常のファゴットと指使いが全く違うので、持ち替えが容易でなかったこと。この点を不満に思ったドイツの作曲家R.ワーグナーは、ヘッケル社にファゴットと同じ指使いになるメカニズムを持ったコントラファゴットを製作するように依頼。1879年に完成したこの楽器に若干の改良を加えたものが現在のコントラファゴットなのである[*e.*]。

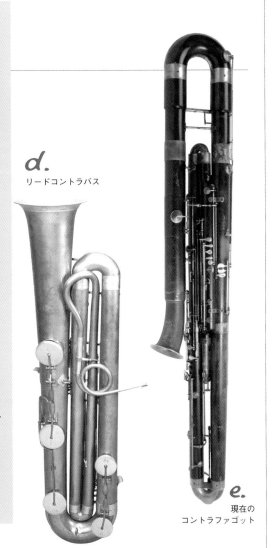

d.
リードコントラバス

e.
現在の
コントラファゴット

Contra fagotto

大規模な吹奏楽編成

ベルリオーズの時代
葬送と勝利の大交響曲Op.15

　7月革命10周年を記念した式典のためにフランス政府の依頼で1840年に作曲された曲。オプション＊で弦楽器のパートもあるが、野外で行進しながら演奏することを前提にして作曲をしたので、管楽器と打楽器のための大規模な吹奏楽の編成になっている。

＊弦楽器85人、合唱200人

木管楽器　　**金管楽器**　　**打楽器**　　弦楽器

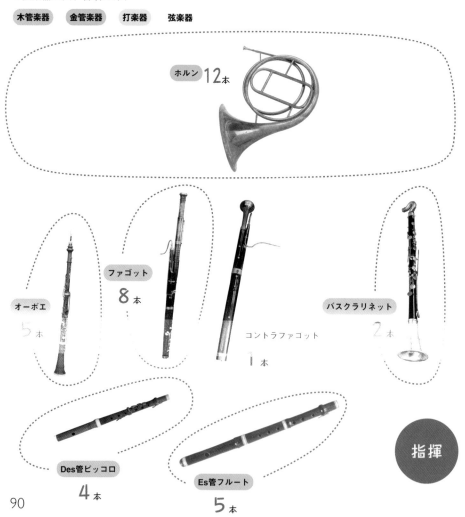

ホルン **12**本

ファゴット **8**本

オーボエ 5本

コントラファゴット 1本

バスクラリネット 2本

Des管ピッコロ **4**本

Es管フルート **5**本

指揮

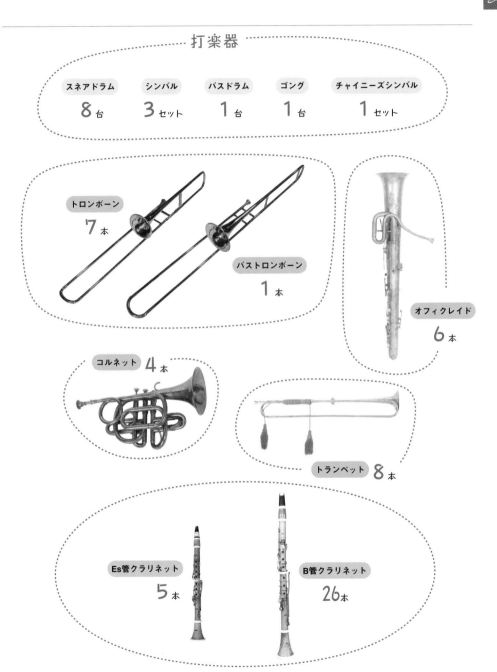

打楽器

スネアドラム	シンバル	バスドラム	ゴング	チャイニーズシンバル
8台	3セット	1台	1台	1セット

トロンボーン
7本

バストロンボーン
1本

オフィクレイド
6本

コルネット 4本

トランペット 8本

Es管クラリネット
5本

B管クラリネット
26本

戦前までピッコロは
今より半音高いDes管だった！

column

ピッコロが吹奏楽で使われるようになった19世紀初頭は、クラリネットやトランペットをはじめフラット系の楽器が多かったので、ピッコロやフルート（軍隊フルート）もフラット系のDes管やEs管で作られた。Des管というのはあまり馴染みがない調だが、フルートの最低音がDからCになったときにD管からC管という概念に変わったように、Des管の最低音はEsなので実質的にはEs管と呼んでいい楽器なのだ（ベームシステム以前のシンプルなピッコロはEs-durがいちばん指使いが楽）。このDes管ピッコロは、ベルリオーズが《幻想交響曲》に指定して以来、スーザの《星条旗よ永遠なれ》まで使われ続けるが（96ページにあるホルストの《組曲第１番》でもピッコ

ロとフルートの指定はDes管になっている）、1931年にアメリカンバンドマスターズ協会がC管に統一する決定をしたことにより廃れてしまった。けれども、《星条旗よ永遠なれ》のソロを筆頭に、チャイコフスキーの交響曲第４番など、Des管ピッコロで吹けばフラットがとれて簡単になるパッセージはたくさんある。残念ながら、ピッコロやフルートの楽譜は、クラリネットやサクソフォンのように移調表記していないので、作曲家がどちらの楽器を指定したのか判断するのは難しいが、Des管はC管より半音高いことでサウンドも明るくなるというメリットもあるので積極的に使ってみたら面白いかもしれない。

Des管ピッコロ（上）とC管ピッコロ（下）

piccolo

19世紀フランスの軍楽隊の
編成が巨大化した理由は？

column

　18世紀末まで8〜12人程度の少人数だった管楽アンサンブルが、19世紀に入ると急速に大編成化した。この背景には、18世紀末に勃発したフランス革命の影響がある。と言うのも、この当時、民衆の思想を統率しようと思っても、20世紀の独裁者のようにマイクや放送を使って演説することができなかったので、その代わりに音楽が使われたのだ。現在のフランス国歌である《ラ・マルセイエーズ》が民衆の心を動かしたことは有名であるが、野外で大音量で音楽を聴かせるためには、とにかく大編成の軍楽隊が不可欠だったのである（90ページで紹介したベルリオーズの《葬送と勝利の大交響曲》も、200人の軍楽隊がパリの街を行進しながら演奏したという記録がある）。

　これだけ大人数の軍楽隊を各地に擁するためには、大量の演奏家を安定して供給する必要があった。その役割を担ったのが、現在の音楽大学の先駆けになったパリ・コンセルヴァトワールである。ここでは、それまで師匠からの口承で伝えられる形だったレッスンを、教室のクラスでシステマティックに教える形に変え、ソルフェージュという教育法を採用することで楽譜を早く読む能力を育んだ。その後、世界中の音楽大学でこのシステムを採用した結果、現在も多くの優秀な演奏家が輩出されていることはご存じのとおり。

イギリスの女王陛下の
近衛軍楽隊

France

20世紀フランスの吹奏楽

シュミットの時代

〜ディオニソスの祭り

近代フランスの作曲家フローラン・シュミットが、1913年にギャルド・レピュブリケーヌ吹奏楽団のために作曲した作品。非常に大きな編成のために書かれていて、当時のギャルド・レピュブリケーヌ吹奏楽団で使われていたコントラバスサリューソフォンやサクソルンファミリーが活躍する。

木管楽器　**金管楽器**　**打楽器**　弦楽器

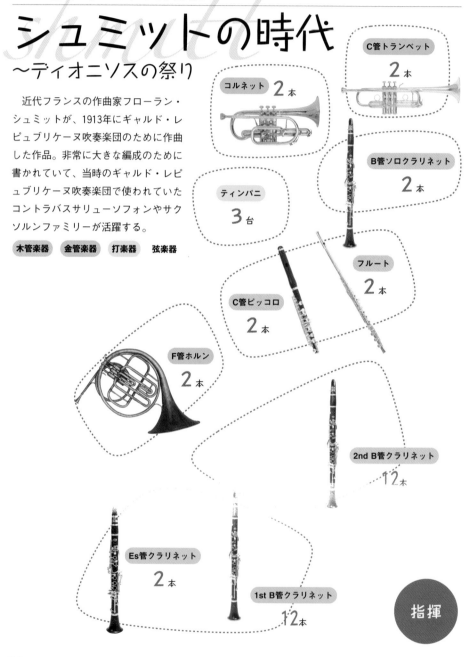

コルネット **2**本

C管トランペット **2**本

B管ソロクラリネット **2**本

ティンパニ **3**台

フルート **2**本

C管ピッコロ **2**本

F管ホルン **2**本

2nd B管クラリネット **12**本

Es管クラリネット **2**本

1st B管クラリネット **12**本

指揮

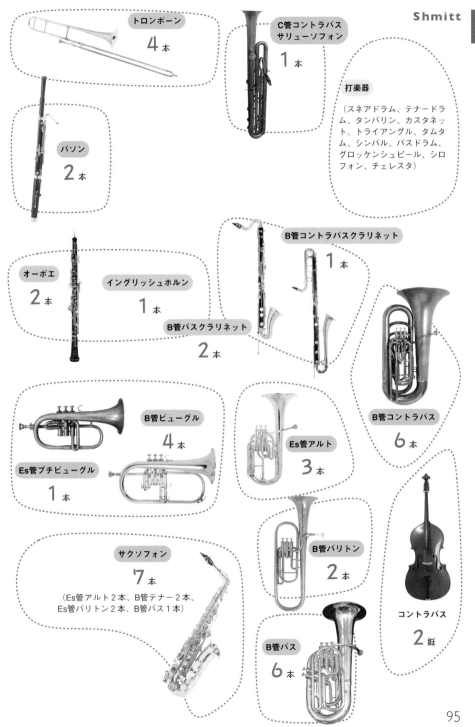

トロンボーン
4本

C管コントラバス
サリューソフォン
1本

打楽器

（スネアドラム、テナードラ
ム、タンバリン、カスタネッ
ト、トライアングル、タムタ
ム、シンバル、バスドラム、
グロッケンシュピール、シロ
フォン、チェレスタ）

バソン
2本

オーボエ
2本

イングリッシュホルン
1本

B管コントラバスクラリネット
1本

B管バスクラリネット
2本

B管ビューグル
4本

Es管プチビューグル
1本

Es管アルト
3本

B管コントラバス
6本

サクソフォン
7本
（Es管アルト2本、B管テナー2本、
Es管バリトン2本、B管バス1本）

B管バリトン
2本

コントラバス
2挺

B管バス
6本

20世紀イギリスの吹奏楽

ホルストの時代

～ミリタリーバンドのための組曲第1番Op.28-1

近代イギリスの作曲家グスタヴ・ホルストが、1909年にミリタリーバンドのために作曲した曲で吹奏楽の古典的名曲として知られている。現在は、現代の吹奏楽編成に手直しして演奏されているが、ホルスト自身の手稿譜では、バリトンやボンバルドンなど当時のイギリス独自の楽器が指定されている。

ティンパニ

木管楽器　　**金管楽器**　　**打楽器**　　弦楽器

テノールトロンボーン
2本

B管トランペット
2本

Es管トランペット
2本

B管コルネット
2本

B管テナーサクソフォン
1本

F管ホルン
2本

Es管ホルン
2本

Es管アルトサクソフォン
1本

オーボエ
2本

指揮

Des管ピッコロ
1本

Des管フルート
1本

96

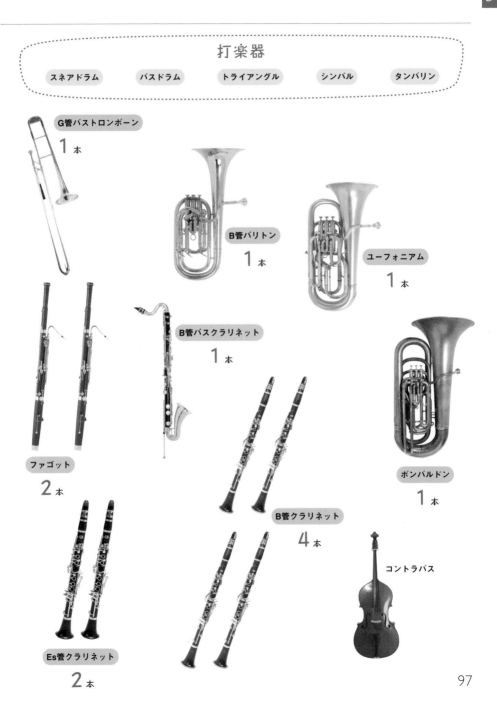

打楽器

スネアドラム　　バスドラム　　トライアングル　　シンバル　　タンバリン

G管バストロンボーン

1 本

B管バリトン

1 本

ユーフォニアム

1 本

B管バスクラリネット

1 本

ファゴット

2 本

ボンバルドン

1 本

B管クラリネット

4 本

コントラバス

Es管クラリネット

2 本

97

時代や地域独自の楽器たち

19世紀の
フランスの
吹奏楽

a.
バリトンサクソルン

b.
コントラバス
サリューソフォン

（通常はファゴットのようなダブルリードを付けて吹くが、写真の楽器はサクソフォンのようなシングルリードのマウスピースを装着している）

　フローラン・シュミットの《ディオニソスの祭り》は、1913年、フランスが世界に誇るギャルド・レピュブリケーヌ吹奏楽団のために作曲された。この当時のギャルドは、フランスや周辺国の楽器製作者が開発した新しい楽器を複数採用しており、とりわけベルギーのアドルフ・サックスが開発したサクソフォンとサクソルン[**a.**]は、ソプラノからバスまでファミリーで使われていた（ただし、ソプラノサクソフォンは使われなくなっていた）。どちらの楽器もEs管とB管の2種類の調で規則正しく整理され、全ての音域を同質の音色で統一することに成功していたのである。

　一方、サクソフォンのライバル的存在として、フランスのサリュースが発表したサリューソフォン[**b.**]という楽器もあった。これは、やはりソプラノからコントラバスまでのファミリーを持つ金属製の木管楽器で、その発音原理がオーボエやファゴットのようなダブルリードである点がサクソフォンとは異なっていた。ギャルドでは、サリューソフォンはファミリーではなくC管のコントラバスだけが採用されており、オーケストラでもコントラファゴットの代わりに使用されたが、ビュッフェ式（フランス式）のコントラバソンが登場すると次第に使われなくなってしまった。

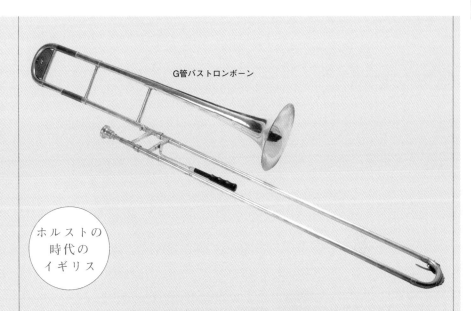

G管バストロンボーン

ホルストの
時代の
イギリス

　ホルストやエルガーが活躍した20世紀初頭のイギリスの軍楽隊は、ホルンやファゴットなど、フランスシステムの楽器を採用していたが、ユーフォニアムやバリトンホーンという自国のブラスバンドの楽器もそこに加わって独自のサウンドを形成していた。さらに、トロンボーンセクションには現在のB管よりも長いG管のバストロンボーンが使われていて、これが少なからずイギリスの吹奏楽曲に影響を与えていたのである。

　当時のドイツの軍楽隊ではF管やEs管のバストロンボーンが使われていたのだが、イギリスのバストロンボーンはそれよりも全音高いG管であった。この長さの楽器はモーツァルトの時代から存在していて、イギリスでのみ戦後まで使用され続けたという経緯がある。この楽器は、スライドが長くハンドルと呼ばれる把手で操作しなければいけないという問題と、G管というシャープ系の調性がフラット系の楽器が中心の吹奏楽では合わせにくいというハンディキャップがあったものの、イギリスでは吹奏楽のみならずオーケストラやブラスバンドでも活躍した。行進時に先頭でダイナミックに動くスライドアクション（フラット系の曲を吹くと大きく動かさなければいけなかった）に変え難い魅力があったのだろう。

　しかしながら、この楽器には大きな欠点があった。最低音がDesまでで、チェロやファゴットが出すCには半音足りなかったのである。このため、ホルストの《第1組曲》やエルガーの交響曲では、バストロンボーンだけCになるとオクターブ上がってしまうという問題が起きているが、同じホルストの組曲《惑星》などでは、トロンボーンのフレーズをDesから始めるなどしてうまく対処している点は興味深い。

20世紀アメリカの吹奏楽

スーザの時代

マーチ王として知られるジョン・フィリップ・スーザが結成したスーザバンドは、コンサートや録音を通して当時の民衆に圧倒的な人気を誇っていた。彼のバンドは時代によって編成は異なるが、1924年当時は、ダブルベルユーフォニアムやベルが上を向いたスーザフォンが使用されていた。

木管楽器　**金管楽器**　**打楽器**　**弦楽器**

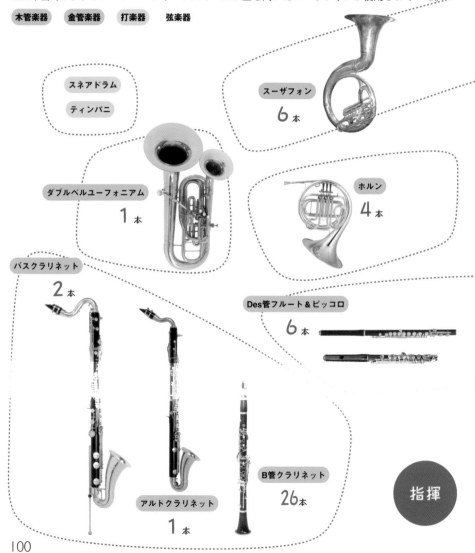

スネアドラム

ティンパニ

スーザフォン
6本

ダブルベルユーフォニアム
1本

ホルン
4本

バスクラリネット
2本

Des管フルート＆ピッコロ
6本

アルトクラリネット
1本

B管クラリネット
26本

指揮

100

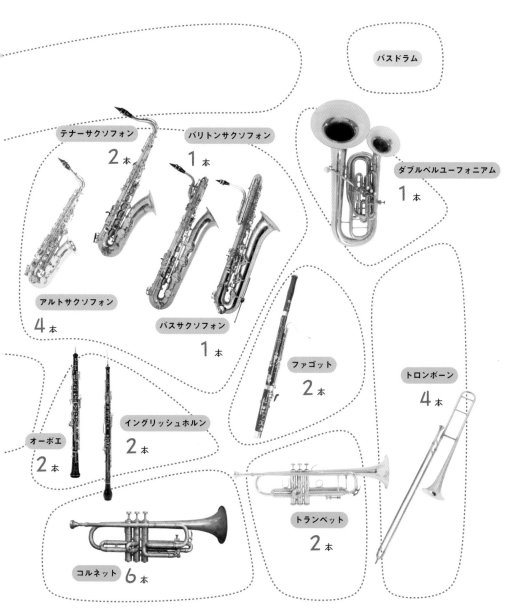

バスドラム

テナーサクソフォン 2本

バリトンサクソフォン 1本

ダブルベルユーフォニアム 1本

アルトサクソフォン 4本

バスサクソフォン 1本

ファゴット 2本

トロンボーン 4本

オーボエ 2本

イングリッシュホルン 2本

トランペット 2本

コルネット 6本

時代や
地域独自の
楽器たち
oh! in Osamu!

スーザの
時代の
アメリカ

ダブルベル
ユーフォニアム

スーザの時代のアメリカの吹奏楽では、ユーフォニアムという名前の楽器が大活躍していた。しかしながら、この楽器は現在のイギリス式のユーフォニアムとは違い管が細く明るい音がするバリトンであった（イギリスのバリトンホーンやチェコのバリトンとは違う楽器）。サクソルンをルーツに持つこの楽器は、本家イギリスのユーフォニアムと同じように華麗なテクニックを聴かせる楽器として高い人気を誇ったのである。

彼らは、コルネットの名手たちに倣い、民謡やオペラアリアの変奏曲を使って自らのテクニックを披露したのだが、その際、音色のキャラクターが単調になることを避けるために、本体のベル以外にもう1つトロンボーンの音が出る小さなベルを装着した「ダブルベルユーフォニアム」を使用するようになった。今から100年近く前のスーザバンドの写真を見ると、ユーフォニアムのメンバー全員がこの楽器を使っており、おそらく、見た目の奇抜さも含めて、ピストンの切り替えで2つの声色を使い分ける面白さは当時の聴衆を存分に楽しませたのだろう。

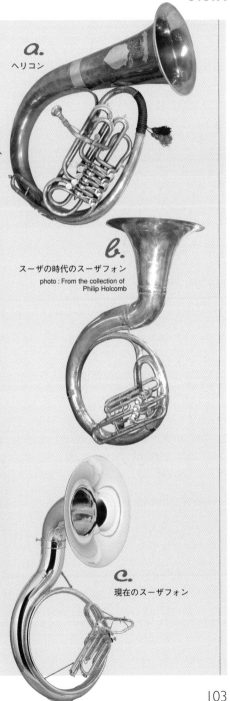

a.
ヘリコン

b.
スーザの時代のスーザフォン
photo : From the collection of
Philip Holcomb

c.
現在のスーザフォン

スーザが望んだ
「本当のスーザフォン」
とは？

　前方に向いた巨大なベルを持ち、丸く巻か
れたボディを肩にかけて吹くスーザフォンは、
その名のとおりアメリカのマーチ王ジョン・
フィリップ・スーザが考案したと言われてい
る。けれども、この楽器よりも前から欧米の
軍楽隊では同じような形をしたヘリコン
[**a.**]という楽器が使われており、はたして
どの部分をスーザが新しく考えたのか疑問が
残る。

　そこで、スーザが活躍した時代の彼のバン
ドの写真を見ると、現在のようなベルが前方
を向いた楽器ではなく、なんとベルが真上を
向いた楽器が使われていたことがわかる
[**b.**]。実はスーザがヘリコンに加えた改良
点は、前向きだったベルをこのように上向き
にすることであり、彼が存命中にはベルを前
に向けることを容認しなかったらしい。

　だが、上向きのベルは、周囲360°に音が聞
こえるというメリットはあったものの、「レ
インキャッチャー」という不名誉なあだ名を
付けられ、奏者たちには不評であった。その
ため、スーザがこの世を去ると、録音や放送
が盛んになったこともあって、マイクに音が
入るようにベルが現在のように前方に向けら
れるようになったのである[**c.**]。興味深い
ことに、現在の楽器には、ベルが上方を向い
ていた時代の名残として、ベルの首の部分に
くびれが残っている。

20世紀ドイツの吹奏楽

ドイツの伝統的な編成例
～1970年以前

ドイツの伝統的な吹奏楽団は、現在の日本やアメリカの編成とは異なり、ロータリーヴァルヴを持つフリューゲルホルンとその1オクターブ下でオブリガートを担当するテノールホルンが中心になってサウンドを作っていた。木管楽器は、フルートはあまり使われず、ピッコロとクラリネットが活躍する。

木管楽器　**金管楽器**　**打楽器**　弦楽器

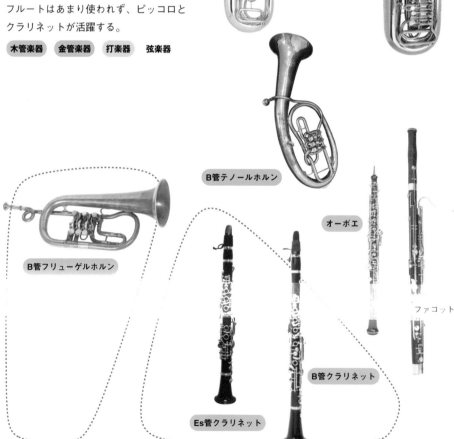

Es管チューバ

B管チューバ

B管テノールホルン

B管フリューゲルホルン

オーボエ

ファゴット

B管クラリネット

Es管クラリネット

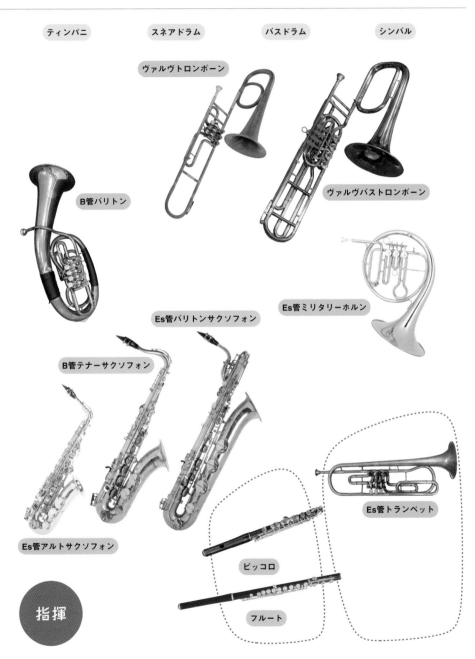

ティンパニ　　スネアドラム　　バスドラム　　シンバル

ヴァルヴトロンボーン

B管バリトン

ヴァルヴバストロンボーン

Es管ミリタリーホルン

Es管バリトンサクソフォン

B管テナーサクソフォン

Es管アルトサクソフォン

Es管トランペット

ピッコロ

フルート

指揮

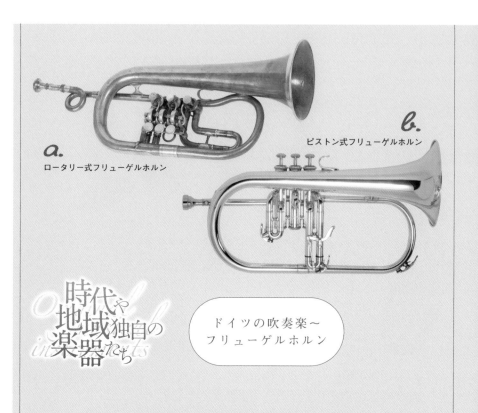

a.
ロータリー式フリューゲルホルン

b.
ピストン式フリューゲルホルン

時代や
地域独自の
楽器たち

ドイツの吹奏楽〜
フリューゲルホルン

　ドイツやオーストリアの伝統的な吹奏楽団では、他の国の楽団とは異なり、フリューゲルホルンがクラリネットと共にメロディを担当している。

　フリューゲルホルンと言えば、非常に柔らかく甘い音色を持っているものの、遠くまで音が聞こえにくいというイメージが強い。いったいどうして、もっと音が通るトランペットやコルネットではなくフリューゲルホルンを使うのか疑問に思われるかもしれないが、実はドイツで使われているロータリー式のフリューゲルホルンは、軍隊ラッパのビューグルから発展した楽器なので、野外で吹いたときに遠くまで音が通るように作られているのだ（円錐形のベルはメガホンのような役割になる）[a.]。

　それに対して、ブラスバンドやジャズで使われるピストン式のフリューゲルホルンは、アドルフ・サックスらが、深いカップのマウスピースを使うことでサクソルンファミリーと溶け込む音が得られるように改良を加えた楽器なので、音が通りにくいのである[b.]。

　音が明るくしかも柔らかさを持ったロータリー式のフリューゲルホルンがメロディを奏でるドイツ・オーストリアの吹奏楽団では、その対比として鋭く勇ましい音のトランペットが信号的なリズムを担当していて、両者のキャラクターの違いもまた魅力になっている。

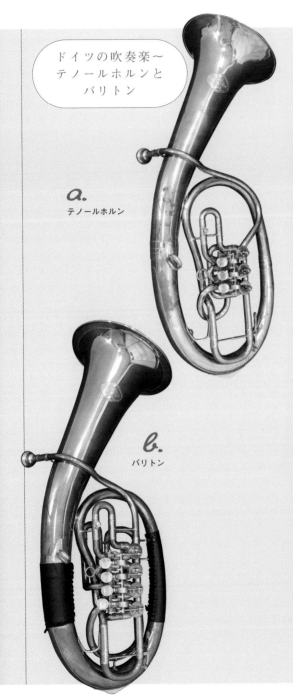

ドイツの吹奏楽〜
テノールホルンと
バリトン

a.
テノールホルン

b.
バリトン

　ドイツやオーストリアの吹奏楽団でフリューゲルホルンと共に活躍するのが「テノールホルン」である[**a.**]。別名「バスフリューゲルホルン」と呼ばれるこの楽器は、ユーフォニアムよりも明るく締まった音色を持っていて、行進曲や舞曲などで美しいオブリガートを奏でることが主な役割となっている。ヴァルヴシステムはロータリー式で、多くの楽器が「6の字」のような卵型をしているのが最大の特徴だ。この珍しいフォームを考案したのはチェコの楽器発明家ヴァーツラフ・F. チェルヴェニーだと言われており、現在、ワーグナーの楽劇で使われる「ワーグナーチューバ」もこの楽器の影響を受けたと思われる（左右が逆なだけで形状は瓜二つ！）。

　実は、ドイツの吹奏楽団ではテノールホルンとそっくりな形の楽器がもう1つ使われている。それは「バリトン」と呼ばれている楽器で、テノールホルンよりも若干太いだけで外観は変わらない[**b.**]。何よりも違うのが用法で、テノールホルンが高音域でオブリガートを吹くのに対して、バリトンはチューバやトロンボーンと組んで低音を担当することが多いのである。管が太い方のユーフォニアムがオブリガートを吹くイギリスの用法とは逆なのは興味深い。

時代や地域独自の楽器たち

日本で一般に
使われている楽器と
システムが異なるドイツ式

クラリネット

　一般的なフランス式クラリネットと大きく違うのは指使い。ドイツ式の楽器はバロック時代からの伝統を多く継承しているので、基本的な指使いはバロック式リコーダーと同じ。管内部やマウスピースの形状も若干違っていて、芯のしっかりした密度の濃い音色を持っている。伝統的にリガチャーを使わず紐を巻いてリードを取り付ける奏者が多い。

トランペット

　ピストン式のトランペットとは違いロータリーヴァルヴで操作する。楽器を横向きにする構え方もこの楽器の特徴。バロック時代の伝統を色濃く残す高貴で柔らかい音色を持っていて、強く吹くと輝かしい音がする。ドイツ・オーストリアの吹奏楽では、旋律を吹くフリューゲルホルンとは明確に区別されていて、以前はB管よりも長いEs管の長管トランペット（105ページ参照）が使われていた。

　基本的な構造は、通常のアメリカ型の楽器と変わらないが、管の内径が細い割には大きなベルを備えているので、明るく締まった音がする。構造上、スライド部が長くなってしまうので、スライドの操作が難しいという難点があり、最近ではアメリカ型の楽器の長所を取り入れた折衷型のものが多く製作されるようになってきた。

第3章

ブラスバンドの世界

The brass band world

『ブラスバンド』という言葉は、しばしば吹奏楽と混同して使われがちであるが、

本来のブラスバンドは、独自の金管楽器と打楽器による

イギリス発祥のバンドのことを指す。

ブラスバンドで使われる楽器のうち、コルネットやユーフォニアムは

近年吹奏楽でも使われるようになって有名であるが、

他の楽器の名称や役割に関しては意外に知られていない。

この章では、ブラスバンド独自の金管楽器とその役割をご紹介していこう。

イギリスで発展し、世界に広がった

ブラスバンドの歴史

サクソルン属と呼ばれる金管楽器のファミリー（＋トロンボーン）と打楽器で構成されるブラスバンドは、19世紀前半にイギリスの救世軍の活動がもとになり、労働者たちのレクリエーション活動の場として発展した。現在のようなサクソルン系の楽器が中心になったのは、当時イギリスで人気のあったディスティン一家によるブラスアンサンブルがサクソルンを演奏、販売していたからで、彼らが本家アドルフ・サックス社と決別すると、サクソルンという名称を使わずに、現在のようなユーフォニアムやバスなどの名前を使うようになったのである。

イギリスにおけるブラスバンドの発展はまさにコンクールと共にあった。各地にあるバンドが、企業のスポンサーを得ることでその技量を競い合い、金管楽器で演奏しているとは思えない超絶技巧と歌心で多くの聴衆の心を摑んだのだ。

当初、ブラスバンドは、イギリスとその植民地だった地域のみで盛んであったが、近年では世界各国で活動が増えてきており、1978年からは全ヨーロッパでのコンテスト（ヨーロピアン・ブラスバンド・チャンピオンシップ）も開催されるようになった。

▲ 東京ブラスソサエティ

1972年、日本初の本格的ブリティッシュスタイルの金管バンドとして結成された。日本でブラスバンドを普及させるため、"研究と普及"を目的とし、山本武雄（英国ブラスバンド指導者資格、日本ブラスバンド指導者協会理事長）を中心に、演奏会、レコーディングなどの他、指導法の研究、本場英国のバンドとの交流により、金管バンドの情報や資料の研究など、積極的に活動をおこなっている。

◀ ブラック・ダイク・バンド

ブラスバンドのトップに君臨するイギリスの老舗バンド。創立は1855年だが、ルーツはナポレオンの時代にまで遡るという。ハイレベルなバンドが数多くある中で、不動の実力と人気を誇っている。CDも数多く出しており、クラシックから映画音楽、ビートルズまで、演奏ジャンルは幅広い。

金管楽器がオーケストラの弦楽器に相当する

ブラスバンドの編成

　ブリティッシュタイプのブラスバンドは、コンテストが頻繁におこなわれるために、だいたい以下の編成が標準のものとして定着している。基本的にはコルネットを中心にサクソルン系の楽器で構成されているが、ブラッシーな音をスパイスとして使用するために直管のトロンボーンも含まれている。

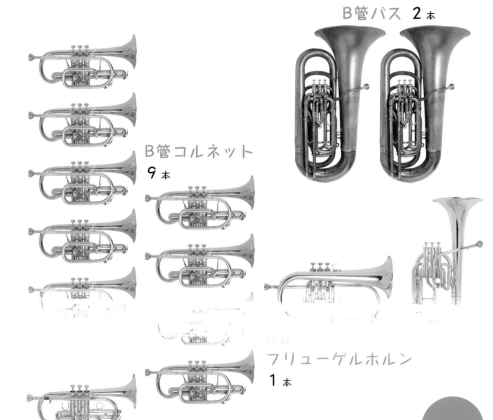

B管バス **2**本

B管コルネット **9**本

フリューゲルホルン **1**本

Es管コルネット **1**本

指揮

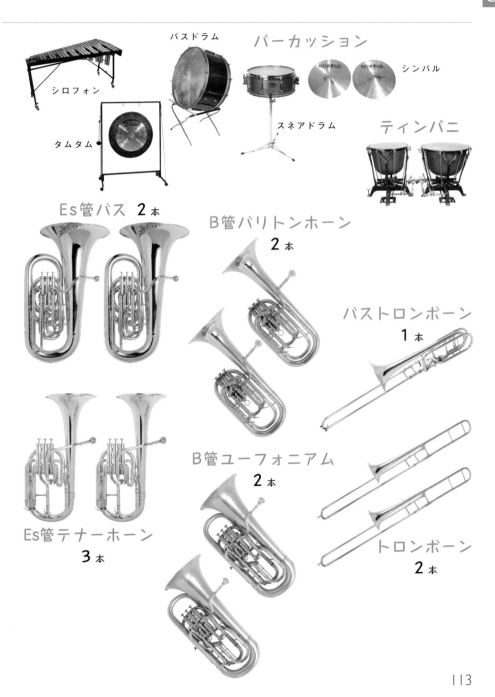

シロフォン

バスドラム

パーカッション

シンバル

タムタム

スネアドラム

ティンパニ

Es管バス **2**本

B管バリトンホーン
2本

バストロンボーン
1本

B管ユーフォニアム
2本

Es管テナーホーン
3本

トロンボーン
2本

ブラスバンドの花形楽器

コルネット

　コルネットは、トランペットと管の長さや基本的な構造は同じだが、トランペットよりも緩やかなカーブを持っているため、柔らかい音がする。運動性能に優れており、ブラスバンドではオーケストラのヴァイオリンに相当するパートを大人数で担当する。コルネットというのは「小さいホルン」という意味で、郵便馬車の御者が合図で吹き鳴らしたポストホルンをヒントにフランスで発明された。19世紀のフランスのコルネットは現在のトランペットのような明るい音色を持っていたのだが、ブラスバンドで用いるブリティッシュタイプの楽器は深いカップのマウスピースを用いるのでそれよりも柔らかく甘い音色がする。

ベル

マウスピース

↑ ここを抜いて
チューニングをする

実音

記譜
in B♭

VARIATION

B管コルネットと
Es管コルネット

　ブラスバンドで多く使われるコルネットは、トランペットと同じB管だが、これよりも短いEs管のコルネットも使われる。ソプラノコルネットと呼ばれるこの楽器はブラスバンドの最高音域を担当して、バンド全体に華やかさを添える効果があり、通常は1人で吹く。

B管コルネット

Es管コルネット
（ソプラノコルネット）

［上］通常の状態
［下］トリガーを抜いた状態

SYSTEM

トランペットと
どこが違う?

チューニングの場所
ヴァルヴに入る手前の管を巻いた部分でおこなう。

トリガー
抜き差し管に取り付けたフックで直接動かすトランペットとは違い、ブリティッシュコルネットは、バネ式のメカで動かすシステムを備えた楽器が多く使われている。

円錐形の管体が奏でる柔和な音色

フリューゲルホルン

フリューゲルホルンも、コルネット同様、管長や基本的な仕組みはトランペットとはあまり違わないが、大きなベルに向かってだんだんと管が太くなっていく円錐形の管を持っていて、コルネットよりも深く柔らかい音がする。元来は軍隊ラッパであるビューグルをルーツに持つ楽器で（『フリューゲル』はドイツ語で『翼』という意味。かつてビューグルの元祖である角笛を吹き鳴らしながら敵や獲物を両翼から追い込んでいったことからこう呼ばれるようになった）、アドルフ・サックスが改良を加えたことでサクソルン系の楽器に合う柔らかい音色になった。ブラスバンドではテナーホーンと組んでアルト音域を担当することが多い。

マウスピース

ベル

ここを抜いて
チューニングをする

実音

記譜
in B

SYSTEM

トランペットとどこが違う？

チューニングの場所
管が円錐形のフリューゲルホルンは、マウスピースを挿す吹き込み管を抜き差ししておこなう。マウスピースをあてて動かないようにネジで止める。

楽器にまつわる Q&A

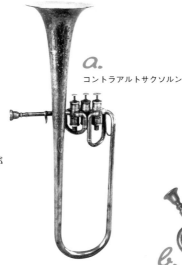

a. コントラアルトサクソルン

Q.

どうして
コルネットが
旋律楽器として
活躍するように
なったのか？

b. ヴァルヴ付きポストホルン

A.

　ブラスバンドではコルネットが旋律楽器として欠かすことができない重要な存在だ。しかし、厳密に言うと、コルネットは他のテナーホーンやバリトンホーンのような円錐形の管を持つサクソルン属ではない。アドルフ・サックスが発表したサクソルンファミリーには、同じ音域を担当するコントラアルトサクソルン[**a.**]があり、これはテナーホーンのようにベルが上を向いていて管も円錐形である。もしも、ベルが前を向いた高音楽器を旋律楽器として採用するならば、フリューゲルホルンの方が近いし、逆にトランペットでも良かったはず。

　実は、コルネットがブラスバンドの主役として採用された背景には、19世紀にこの楽器が開発された当時の社会が少なからず関係している。コルネットは、イタリア語の「小さいホルン」という意味で、郵便馬車の合図として吹かれていた「ポストホルン」にヴァルヴを取り付けた楽器から発展した[**b.**]。軍隊や宮廷の伝統を引きずって長い管を使用していたトランペットに対して、コルネットは、管が短くヴァルヴで自由にメロディを吹けることから、庶民の楽器として広く親しまれるようになったのである。

　さらに、フリューゲルホルンよりも円筒部分が多いコルネットは、当時のホルンと同じように、曲の調性によって「クルーク」と呼ばれる替え管を付け替えることができたので、あらゆる調に柔軟に対応する旋律楽器として有利だったのだ[**c.**]。

c.
19世紀のコルネット。ナチュラルホルンのようなクルークを備えている。

高音と低音の重要なパイプ役

テナーホーン

テナーホーンは、B管コルネットとB管バリトンホーンの間の音域を担当する中音域の楽器で、吹奏楽でアルトホルンと呼ばれるEs管の楽器と長さも構造もほぼ同じである。外観はバリトンホーンを小さくした感じで、ベルはスリムで管は細い。純正の小口径のマウスピースで吹くと、澄んだ明るい音色が得られるが、ホルン奏者がホルンのマウスピースにアダプターを付けて吹いたりユーフォニアム奏者が大きな口径のマウスピースで吹くと若干違った音色になってしまう。ブラスバンドでは3パートに分かれて使われることが多く、コルネットと低音楽器をつなぐ重要な役割を担っている。

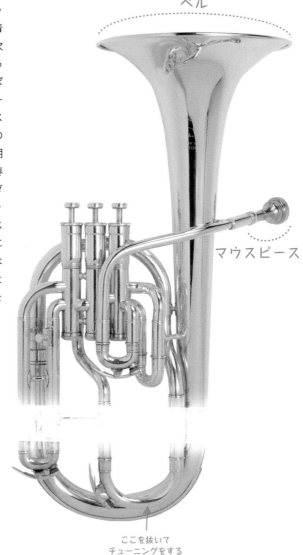

ベル

マウスピース

ここを抜いて
チューニングをする

実音

記譜
in Es

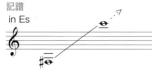

楽器にまつわる
Q&A

Q.

どうしてアルトホルンを
テナーホーンと
呼ぶの？

管	ボヘミア・プロシア	サクソルン
Es	–	ソプラノ（サクソルン）
B	–	コントラアルト（サクソルン）
Es	アルト（ホルン）	テノール（サクソルン）
B	テノール（ホルン）	バリトン（サクソルン）
F	バス（ボンバルドン）	–

音域による名称の違い

　吹奏楽では、コルネットとユーフォニアムの中間の音域を担当す
るEs管の楽器を「アルトホルン」と呼ぶが、ブラスバンドの世界
では同じEs管の長さにもかかわらず「テナーホーン」と呼んでい
る。さらにドイツの吹奏楽では、低いB管の楽器を「テノールホル
ン」と呼んでいるので、これらの名称が同時に存在する我が国では
しばしば混乱を招いてしまっているのだ。

　いったいどうしてこのような事態になってしまったのかと言うと、
それは、19世紀に各国でヴァルヴ楽器のファミリーが形成された際
に、それぞれ音域の名称の基準が異なっていたからに他ならない。

　当初からヴァルヴ楽器の開発に意欲的だったボヘミアやプロシア
では、チェロやファゴットと同じ最低音が得られるF管の楽器を「バ
スボンバルドン」と呼んだことから、その上のB管をテノール、さ
らに上のEs管をアルトと呼ぶようになった。それに対して、サク
ソルンを発表したベルギーのアドルフ・サックスは、そうした過去
からの慣習にこだわることなく、音域別に楽器を振り分けたのだが、
その際、彼は高いEs管をソプラノにしたので、その下のB管がコン
トラアルト、さらに下のEs管がテノールになったというわけ。

　この結果、同じEs管の楽器でも、このサックス方式を採用した
イギリスのブラスバンドではテナーホーンと呼び、伝統的なドイツ
方式の名称を採用した吹奏楽ではアルトホルンと呼んでいるという
のがことの真相なのである。

ブラスバンドに欠かせないバリトン音域

バリトンホーン

バリトンホーンは、テナーホーンを一回り大きくした形をしていて、管の長さはユーフォニアム（56ページ参照）やテノールトロンボーンと同じB管の低音楽器。ユーフォニアムよりも管が細く開き方も狭いので、スリムで明るい音がする。ブラスバンドでは、テナーホーンとユーフォニアムの間のバリトン音域を担当し2パートでセクションを組むことが多い。細い管は高音域を得意とするので、ユーフォニアムのように低いF管の長さになる第4ヴァルヴを備えた楽器は稀で、大半の楽器はテナーホーンのように3本のヴァルヴしか備えていない。

なお、アメリカ（やかつての日本）の吹奏楽の譜面に指定されているバリトンやドイツの吹奏楽で使われているバリトンとは別の楽器なので注意が必要だ。

ベル

マウスピース

ここを抜いてチューニングをする

実音

記譜
in B

※写真の楽器は、3番ピストンと他のピストンを同時に押すと補正管を通るコンペセイティングシステムを搭載している（57ページ参照）。

楽器にまつわる
Q&A

ユーフォニアム

Q.

ユーフォニアムと
バリトンホーンは
どこが違う？

A.

　ブラスバンドで使われているユーフォニアム[*a.*]とバリトンホーン[*b.*]は、共に同じ長さのB管で、ベルが上に向いたフォームもよく似ている。では、両者の違いはどこにあるのかと言うと、それは円錐管の広がり方とそれによる音色の違いにあるのだ。

　写真を見比べれば分かるとおり、明らかにユーフォニアムの方が広がり方が大きく、バリトンに対してバスに相当するわけだが、だからと言ってユーフォニアムのパートの方が低い音域を担当しているわけではない。ブラスバンドの中では、むしろユーフォニアムの方が高音域を要求されることもあり、音域ではなく求められる役割が違うのである。

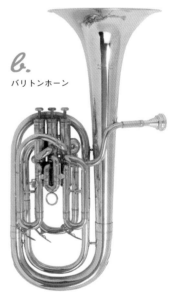
b.
バリトンホーン

　そもそも、テナーやバスなど単に音域別の即物的な名称の多いブラスバンドの中で、ユーフォニアムの名前は異質である。実は、ギリシャ語を語源に持つ名前は、ウィーンで発明された「オイフォニオン」という低音金管楽器に付けられたもので、イギリスでサクソルンファミリーを作る際、その名称を借用したという経緯がある。

　ユーフォニアムの元祖であるオイフォニオンは、サクソルンよりも太い管と４本のヴァルヴによる広い音域を持っていたので、発明当初から独奏楽器として注目を集めていた。その名称とイメージを継承したブリティッシュタイプのユーフォニアムも、同様の太い管と４本ヴァルヴで独奏に適した豊かなサウンドと広い音域をその持ち味にしたのである。

B管バスとのハーモニーは絶品

Es管バス

Es管バスは、B管ユーフォニアムとB管バスの間の音域を担当する楽器で、外観もユーフォニアムやB管バスによく似ている。非常に豊かな音が出るので、オーケストラやソロでもバスチューバの代わりに使用されることもあるが、ブラスバンドの中でこそその真価が発揮される。用法としてはB管バスと組んでユニゾン（オクターブ）や和音を奏でることが多く、Es管バスとB管バスの2種類が組んだ響きの効果は絶大だ。標準的な楽器にはユーフォニアムと同じメカニズムのコンペセイティングシステムが搭載されており、この場合は第4ヴァルヴを押すことでEs管とB管に切り替わるセミダブルチューバと同じ機能になる。

音域 COMPASS

記譜

〔　〕：4本ヴァルヴの楽器の場合

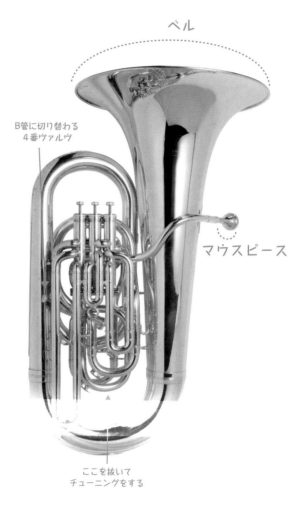

ベル

B管に切り替わる
4番ヴァルヴ

マウスピース

ここを抜いて
チューニングをする

※写真の楽器は、ユーフォニアムと同じ4本ヴァルヴのコンペセイティングシステムを搭載している。

バンドを支える包容力

Ｂ管バス

　Ｂ管バスは、Ｅs管バスよりもさら
に大型の楽器で、コントラバスの音
域を担当する。音色もＥs管バスよ
りもさらに深く豊かで、バンド全体
を包み込みしっかりと支えることが
できる。ブラスバンドでは、非常に
低い音域を受け持っているにもかか
わらず、弦楽器のコントラバスと同
じ細かいパッセージも要求されるの
だが、コルネットと同じように縦向
きに押すピストンヴァルヴはそれに
対応しやすいというメリットがある。
ブラスバンドで使われる標準的な楽
器には、Ｅs管バス同様、コンペセ
イティングシステムが搭載されてい
て、さらに低いサブコントラバスの
Ｆ管の長さになるが、ここまで低く
なるとセミダブルとして使用する効
果はあまりなく、音程補正が主な目
的になっている。

音域 **COMPASS**

実音

記譜

〔 〕：４本ヴァルヴの楽器の場合

ベル

マウスピース

F管に切り替わる
４番ヴァルヴ

ここを抜いて
チューニングをする

※写真の楽器は、ユーフォニ
アムと同じ４本ヴァルヴのコ
ンペセイティングシステムを
搭載している。

123

a.
B管バス

Q.

バスと
チューバは
どこが違う？

A.

　ブラスバンドのB管バス[**a.**]と吹奏楽やオーケストラで使われるB管コントラバスチューバ[**b.**]は、どちらも管の長さが同じで音色もよく似ている。実際、多くの学校の吹奏楽部ではチューバパートにB管バスが使われており、チューバとは区別していない。

　では、両者は全く同じ楽器なのかと言うとそういうわけではない。もともと、各国で多くの楽器の開発競争がおこなわれた19世紀には、この音域の金管楽器が各国の楽器製作者によって生み出されており、バスとコントラバスチューバもその中の1つなのだ。前者はベルギーのアドルフ・サックスのコントラバスサクソルンを、後者はボヘミアのチェルヴェニーのボンバルドンをルーツとしている。

　この2つの楽器の大きな違いはヴァルヴのシステム。前者はヴァルヴのボタンを直接上から押すピストンヴァルヴを採用したのに対して、後者はヴァルヴの内部を回転させるロータリーヴァルヴを採用した。意外に思われるかもしれないが、バスやチューバの場合、この違いは管の太さに大きく影響する。と言うのも、間接的にメカニズムでヴァルヴを操作するロータリー式ではどんなに管が太くなっても大丈夫なのだが、直接ボタンを押すピストン式では、ヴァルヴ同士の幅が広がって操作が困難になるので、あるサイズ以上には太くできないという問題があるのだ。その結果が若干ではあるものの、両者の音色の違いを生み出している。

　だが、それ以上に違うのは、各々の場で求められる音色である。ブラスバンドのB管バスは同属の楽器群にブレンドすることを求められ、オーケストラのチューバはトロンボーンセクションと同質の強い音が求められる。吹奏楽のチューバパートは両方の性格が必要とされるので、どちらの楽器を使うのかは奏者の好みに任せられていると言っていいだろう。

b.
B管コントラバスチューバ

第4章

マーチングの世界

The marching band world

吹奏楽を語るときに忘れてはいけないのがマーチングだ。

現在では、吹奏楽活動の一環として演奏するために

楽器も吹奏楽と同じものを使用する団体も増えてきたが、

元来、マーチングの世界には、吹奏楽とは一線を画す独自の楽器と伝統があった。

この章では、あまり知られていないG管ビューグルと

マルチキーのマーチングブラス、

それにマーチング独自の打楽器群にもスポットを当ててご紹介しよう。

華やかなパフォーマンスのルーツは……

マーチングバンドの歴史

　行進しながら楽器を演奏するマーチング自体の歴史は古く、吹奏楽というものが始まったときから既におこなわれていたと考えていいだろう。フランス革命時には、大規模な吹奏楽が凱旋行進や葬送行進をしたという記録が残されており、ベルリオーズなど大作曲家による作品がいくつか残されている。

　一方、フォーメーションなど集団パフォーマンスとして見せるマーチングは、アメリカの軍楽隊から発展した。アメリカの軍楽隊は、当初は笛と太鼓による鼓笛隊であったが、その後、ビューグルなどの金管楽器も加わって、次第に人々の注目を集めるようになる。その転機となったのが1861年に勃発した南北戦争で、このときにフランス軍の影響で導入されたドラムとビューグルを演奏する小隊（コー＝Corps）が基になって現在の形になった。

　このドラム＆ビューグル・コーも、しばらくは軍隊の規律のためのフォーメーションであったが、やがて20世紀に入り、退役軍人らの力添えもあって、教育目的の活動が盛んになってショー的なパフォーマンスの美しさを競うジャンルに発展したのである。

　また、これとは別に、アメリカンフットボールのハーフタイムショーで華麗なドリルを披露するマーチングバンドもあり、屋内やステージでおこなうドリルなど様々な形態に多様化して現在に至っている。

photo : Yow Kobayashi / Ayumi Kakamu

▲**Cherry Blossoms Drum & Bugle Corps**

1979年に前身である「八王子チェリーズ」を結成、88年からドラム
&ビューグル・コーの編成に。94年からは国内のコンテストにも参
加している。マルチキーの楽器に移行する団体もある中、現在もG
管ビューグルを使用。東京都を拠点とし、精力的に活動している。

◀**ブラスト！**

超人的な演技と演奏で華麗なショーを披露する「ブラスト！」も、
ドラム&ビューグル・コーから生まれた。彼らは1991年のDCI
（Drum Corps International）で優勝した「スター・オブ・インディ
アナ・ドラム&ビューグル・コー」という団体が前身になっており、
ちょうどこの時期、G管に限定した編成から通常の金管楽器を使え
るマルチキーに変わったことも、誕生した背景にあるのだろう。

4つのセクションでパフォーマンスする

ドラム＆ビューグル・コーの編成

　伝統的なドラム＆ビューグル・コーは、G管ビューグル、バッテリー、カラーガード、フロントピットの4つのセクションから成る。ビューグル、バッテリー、カラーガードはフィールドやステージで隊列を組んでパフォーマンスをして、フロントピットの打楽器群が楽器を置いて演奏するスタイルが一般的だ。

バッテリー

スネアドラム

G管ビューグル

ソプラノビューグル　　メロフォンビューグル　　バリトンビューグル

フロントピット

ヴィブラフォン

マリンバ

グロッケンシュピール

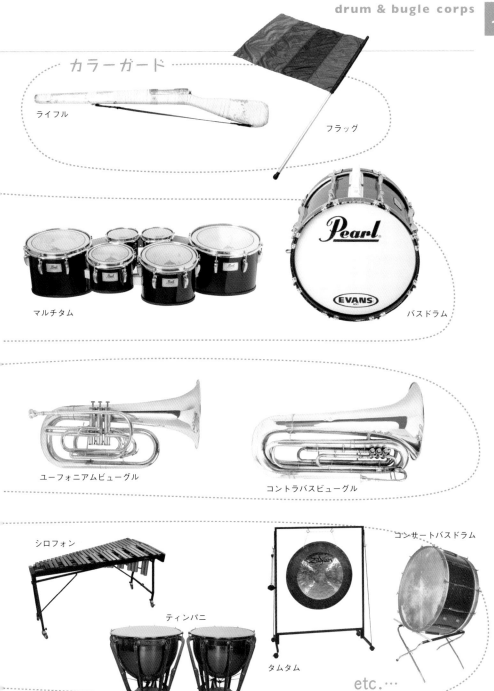

カラーガード

ライフル

フラッグ

マルチタム

バスドラム

ユーフォニアムビューグル

コントラバスビューグル

シロフォン

ティンパニ

タムタム

コンサートバスドラム

etc.…

軍隊ラッパからパフォーマンス楽器へ

ビューグルの変遷

1. 動物の角を使った
　合図の道具から始まった

　ビューグルは、軍隊ラッパをルーツに持つ楽器で、もともとは戦場での合図として牛などの角を吹き鳴らすことから始まった[a]。動物の角は、内部が円錐形に広がっているので、唇で発生した振動を増幅するメガホンの役割を果たしたのだ。ただし、動物の角のような天然素材では、長さや太さがまちまちでピッチやサイズを統一することができないという難点があったことから、加工しやすい金属製や木製になっていく。それでも、しばらくの間は角のカーブを模倣した形状で作られていたのだが[b]、やがて携帯に便利なように管を何重かに巻くようになった。これでいわゆる「軍隊ラッパ」であるビューグルのフォームができあがったのである[c]。

a. 羊の角を使った角笛
（イスラエルのショファール）

b. 角の形を模倣したビューグル

2. B管（C管）からG管へ

　軍隊で合図をする道具であったビューグルは、その信号を正しく伝えるために音高を一定に統一する必要があった。多くの軍隊では、吹奏楽で使う楽器と同一のB管やEs管（またはC管かF管）を使用していたが、19世紀末、アメリカ陸軍はG管ビューグルを採用（本来F管になるクルークを外してG管になった経緯がある）。以来、ボーイスカウトなど市民団体もそれに追随するようになり、アメリカで発展したドラム＆ビューグル・コーのピッチもG管が基準になった。ちなみに日本の軍隊ラッパはAs管とG管が主流である。

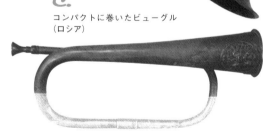

c. コンパクトに巻いたビューグル
（ロシア）

d. 1ピストンのソプラノビューグル
（G管＋D管）

3. 無弁楽器から有弁楽器に

　G管に統一されるようになったビューグルだが、伝達の信号だけでなく、人々に聴かせる音楽の手段として使用されるようになると、いつもト調の自然倍音だけでは物足りないと思うのは当然のこと。最初は、ト調の属調であるニ調にも変更できるようにD管の長さになるピストンヴァルヴを備えるようになったが[*d.*]、このヴァルヴの切り替えと自然倍音を組み合わせることで簡単なメロディを吹くという用法が確立された。

5. 1ピストンから複数のピストンに

　G管とD管を組み合わせた1本ピストンのビューグルは、やがて、押すと全音分下がるG管とF管の組み合わせが主流になった。これは、普通のトランペットの1番ヴァルヴと同じ状態であり、ならば半音も出せた方が便利だということで、2つ目のヴァルヴも追加され[*e.*]（1ピストン＋1ロータリーの場合も[*f.*]）、最後には3本目のピストンも加えられるようになって、結果としては、他の金管楽器と同じ指使いで吹ける3本ピストンの楽器になったのである。

4. 低音のファミリー楽器の登場

　ヴァルヴを装着したことで、信号だけではなくメロディを奏でるようになると、1種類のビューグルだけでなく、ブラスバンドのように様々な音域の楽器があった方がいいと考え始め、いくつかの楽器が考案された。ソプラノと同じ長さだがホルンのような音がするフレンチホルンビューグル、ソプラノよりも1オクターブ低いバリトンビューグルやユーフォニアムビューグル、さらに1オクターブ低いコントラバスビューグルがそれで、いずれもG管で製作された。

6. G管からマルチキーに

　3本のヴァルヴを備えるようになったG管ビューグルは、結果としてどんな調でも演奏できるようになった。そうすると、もはやG管にこだわる理由が薄まってしまい、他の金管楽器との互換性を考えてB管やF管のマーチングブラスを使用する団体が増えてきたのである。結局は、G管の使用を義務化していたDCI（Drum Corps International）のコンテストでも、1990年以降、他の調のマルチキーのマーチングブラスも容認するようになって現在に至っている。

e. 2ピストンのソプラノビューグル

f. 1ピストン＋1ロータリーのソプラノビューグル

ドラム＆ビューグル・コーで使われる

G管ビューグル

ソプラノビューグル

外観はアメリカンコルネットによく似ているが、管の長さが長く円筒形の部分が多いので、遠くまでよく通る力強い音がする。ベルも若干太い。

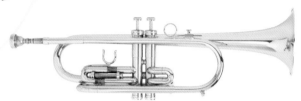

メロフォンビューグル

アルトホルンのフレンチホルン型であるメロフォンのベルを前向きにした楽器。管の長さはG管でソプラノと同じであるが、ベルが非常に大きく管も緩やかに太くなるので甘く柔らかい音がする。

バリトンビューグル

サクソルン系のバリトンをトランペットのように前向きに構えるようにした楽器。ソプラノビューグルの倍の管長を持つG管で、バリトンホーンよりも強く深い音がする。

ユーフォニアムビューグル

バリトンビューグルと同じ長さで構え方も一緒だが、ユーフォニアムのような深い音を出すために、さらに太い内径と広がりのある管を持っている。

コントラバスビューグル

バリトンビューグルやユーフォニアムビューグルの倍の管長を持つコントラバス音域のビューグル。ボディはB管バスに似ているが、肩に乗せてベルを前向きに構える。

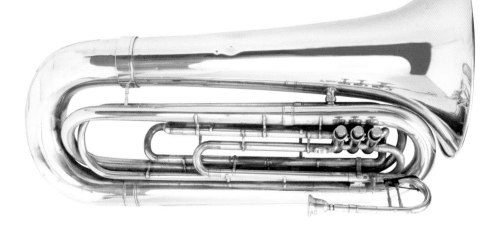

迫力満点のショーを繰り広げる

マルチキーの
マーチングバンドの編成

マルチキーのマーチングバンドは、金管楽器にG管のビューグルを使用しない以外はドラム＆ビューグル・コーと基本的な編成は変わらない。多くの団体は、ビューグルと同じようにベルが前向きのマーチングブラスを使用するが、吹奏楽で使う普通のタイプの金管楽器や木管楽器を使用する団体もある。

マーチングブラス

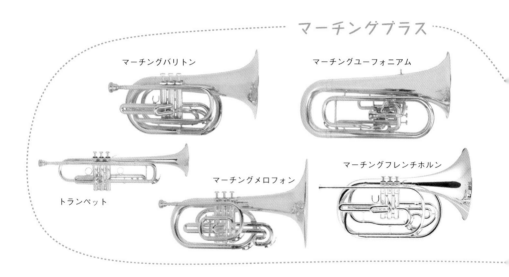

マーチングバリトン

マーチングユーフォニアム

トランペット

マーチングメロフォン

マーチングフレンチホルン

フロントピット

ヴィブラフォン

グロッケンシュピール

マリンバ

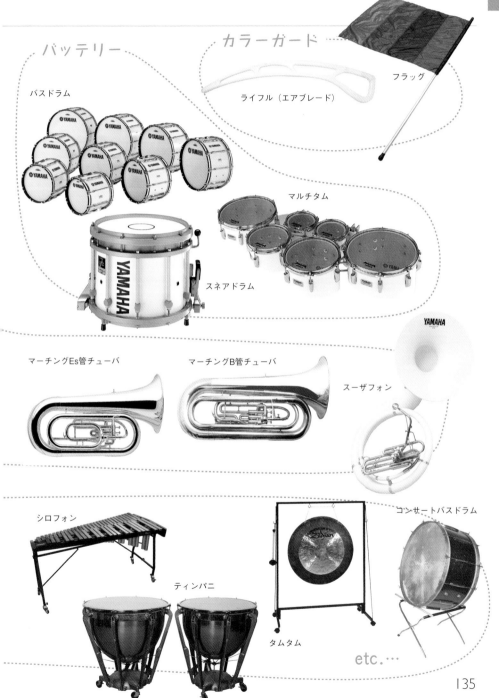

バッテリー

カラーガード

バスドラム

ライフル（エアブレード）

フラッグ

マルチタム

スネアドラム

マーチングEs管チューバ

マーチングB管チューバ

スーザフォン

シロフォン

コンサートバスドラム

ティンパニ

タムタム

etc.…

マルチキーのマーチングバンドで使われる

マーチングブラス

　マルチキーのマーチングバンドでは、G管ではなく、B管やF管など吹奏楽で使われているものと同じキー（調）の楽器を使用している。ただし、ベルの方向が前方を向いているスタイル自体はG管ビューグルと変わらない。

マーチングメロフォン

　トランペットとユーフォニアムの中間の長さを持つF管の楽器で、ホルンのような音色がするように非常に大きなベルを備えている。ホルン用のマウスピースで吹くと深い音になるが、トランペット用のマウスピースで吹くと明るく通る音になる。

この楽器とは別に、さらに管の長いB管のマーチングフレンチホルンという楽器もある。

マーチングバリトン

　バリトンビューグルとよく似ているが、G管ではなくB管になっている。バリトンホーンのような豊かで暖かい音を持っているが、ベルが前を向いているので強く吹くと直線的な力強い音も出る

マーチングユーフォニアム

　ユーフォニアムビューグルとよく似ているが、こちらはG管ではなくB管。マーチングバリトンよりもベルが太く、ユーフォニアムのような深く柔らかい音がする。

※写真の楽器は吹き込み管を
取り替えると、普通のユーフ
ォニアムになるコンバーチブ
ルモデル。

この吹き込み管を取り替えて、
コンサート用にすることができる。

マーチングチューバ

　ブラスバンドで使うB管バスのボディをベースにして、肩に乗せて演奏できるようにした楽器。バンド全体を支える重厚な低音を出すことができる。B管の他にEs管もあり、吹き込み管を取り替えることでコンサート用のB管バスにもなるコンパーチブルモデルもある。

※写真の楽器は吹き込み管を取り替えると、普通
のB管バスになるコンパーチブルモデル。

この吹き込み管を取り替えて、
コンサート用にすることができる。

打音が鋭く響く

マーチングバンド特有の打楽器

ドラム&ビューグル・コーを含むマーチングバンドで使う打楽器は、フィールドやステージに置いて演奏するティンパニや鍵盤打楽器を除いて、野外での行進演奏に適するように工夫されている。最も重要な工夫は「行進しながら叩けるように身体にしっかりと固定されていること」。特に、ドラム&ビューグル・コーやマーチングバンドの場合はドリルで激しい動きをするので、頑丈で身体に負担がかかりにくいキャリングホルダーを装着する。楽器自体も堅牢な造りになっており、とりわけスネアドラムは、コンサートで使う楽器とは大きさも外観もかなり違う。もう1つマーチングドラムの特徴としては、野外でリズムがはっきりと聞こえるように、余計な響きをカットして打音を優先している点も挙げられる。

スネアドラム

コンサート用のスネアドラムよりも頑丈な構造で胴も深い。ヘッドの張りも強く、スナッピー（響き線）がガットでできているので、遠くまで通る強い音が出る。

底面に張られたスナッピー。コンサート用のスネアドラムのスナッピーは金属製だが、マーチング用にはガット製のものが張られている。

マルチタム

　キャリングホルダーに音高の異な
る 3〜7 個のタムを取り付け、それ
をドラムセットのように 1 人の奏者
が叩く。音高順ではなく大きいサイ
ズのものが両側に取り付けてある。

マルチタムの底面。音が前
に出るように胴が斜めにカ
ットしてある。

バスドラム

　基本的な構造はコンサート
用の楽器とあまり違いはない
が、マーチングバンドでは大
きさの異なるバスドラムを複
数の奏者が叩いてベースパー
トを担当する。

マーチング用のバスドラムは、リズムを
はっきりさせるために余計な響きを止め
るミュートがついている。

ドラム＆ビューグル・コーの楽器は
なぜ銀色なのか？

column

ドラム＆ビューグル・コーの金管楽器は、金色のラッカー仕上げではなく、表面が銀色の楽器が圧倒的に多い。通常の金管楽器の場合、銀色のものは大抵は銀メッキ仕上げであるが、伝統的なドラム＆ビューグル・コーの楽器はニッケルメッキ仕上げなのである。

いったいどうしてニッケルメッキ仕上げなのかと言うと、実は、ドラム＆ビューグル・コーがアメリカの軍楽隊の活動の一環として発展してきた歴史を持っていることと無関係ではない。軍楽隊の活動の場は、コンサートバンドのように屋内が中心というわけではな

く、野外や船上がメインになるので、楽器や道具に埃や錆に強い材質が求められた。そこで白羽の矢が立てられたのがニッケル。ニッケルには熱や錆、摩耗に強いという特性があり、野外で使用する金属部品にメッキすることで耐久性を向上させる効果を狙ったのだ。

そのため、多くの軍隊では、楽器だけでなく、帽子の飾りからベルトのバックルに至るまで、野外で儀礼をおこなう際に使う金属部品にはニッケルメッキが施されており、銀色に光る見た目の美しさも含めて統一が図られている。

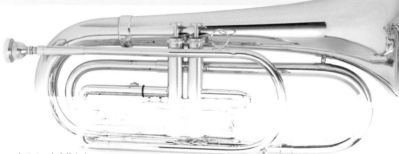

ニッケルメッキを施した
ビューグル（バリトン）

Argent

軍隊の儀礼の伝統を
色濃く残すカラーガード

column

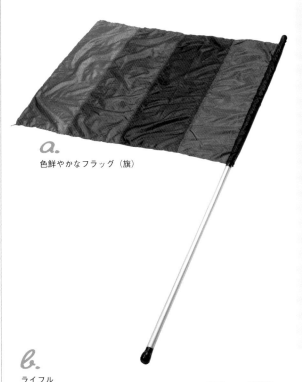

a.
色鮮やかなフラッグ（旗）

b.
ライフル

ドラム＆ビューグル・コーなどのマーチングバンドには、楽器は演奏せずにフラッグ（旗）[**a.**]やライフル（本物ではなくその形を模したもの）[**b.**]、セイバー（サーベル）などを鮮やかに扱う「カラーガード」のメンバーが含まれている。カラーガードの「カラー」は国旗や軍旗のことで、「ガード」はそれをライフルで警護するという軍隊の儀式から始まった。現在では、民間の行事としておこなわれることが多いので、色彩感豊かなフラッグとライフルの華麗なさばきが中心のパフォーマンスとして発達し、カラーガードだけの大会も開催されるようになった。

Color guard

あ と が き　　　afterword

　本書は、オーケストラで使う楽器に焦点を当てた『カ
ラー図解 楽器の歴史』の吹奏楽編として書いたもので
ある。まえがきでも記したように、吹奏楽は今や管弦楽
に肩を並べるぐらい高い人気を誇るジャンルになったに
もかかわらず、その歴史や過去の作品には意外に関心が
薄く、聴衆だけでなく演奏している人たちもあまり理解
していないのが現状だ。

　元来、民間の吹奏楽は、その地の伝統的な楽器を持ち
寄って村人たちが祭りや葬儀で演奏するものであった。
軍楽隊にしても、各国独自の楽器で編成され、管弦楽よ
りもローカリティを残すジャンルだったのである。アメ
リカの軍楽隊が演奏するスーザのマーチ、オーストリア
の村バンドが演奏するポルカ、イギリスの近衛兵が演奏
するエルガーなど、他の国には真似のできないサウンド
がそこにはあった。

　ところが、演奏の場がインターナショナル化すると共
に、ローカルな楽器やスタイルは次々と姿を消してしま
い、どの国のどの時代の作品も同じ規格の編成と楽器で
演奏するスタイルに変わってしまった。もちろん、世界
で広く演奏されることは歓迎すべきことであるが、失わ
れてしまったローカリティの中に民衆の娯楽としての吹
奏楽の旨味が多く含まれていたことを考えると残念でな
らない。実は、管弦楽の分野でも同じような行き詰まり
があり、一部ではあるが、作曲当時の楽器やローカルな
楽器に持ち替えることで失われた魅力を取り戻そうとい
う動きがある。吹奏楽でも、失われた楽器やローカルな
楽器に注目して、本来の魅力を探ってみたいというのが

新社の小野寺優さんと、資料集めやスケジュール管理ま
で全面的にバックアップしていただいた木杏舎の石田多
鶴子さんにこの場を借りて感謝の意を申し上げたい。

2009年9月 佐伯茂樹

142

特別協力

浜松市楽器博物館
東京藝術大学

写真提供・協力

大阪市音楽団
岡山英一
キョードー東京
the collection of Philip Holcomb
三宮正満
スタインウェイ・ジャパン
ジャパンアーツ
Sony Music Foundation
田村大介
Cherry Blossoms Drum & Bugle Corps
築地　徹
天理高等学校吹奏楽部
東京藝術大学音楽学部の学生のみなさん
東京ブラスソサエティ
長松管楽器研究所
西澤誠治
野中貿易
拝藤耕一
プレスジェイ
プロフェッショナルパーカッション
山野楽器
ヤマハ
ヤマハ・ミュージック・トレーディング
山本武雄
横田揺子
YOKOHAMA ROBINS
（敬称略）

取材協力

ジャン゠フランソワ・マドゥフ
ピエール゠イヴ・マドゥフ
マウリツィオ・バリジオーネ

イラスト

松岡恵美（木杏舎）

浜松市楽器博物館

嶋和彦 元館長

　楽器はすべて、誕生した時代の美意識や音への感性の賜物です。過去の音楽作品が生まれた時代の価値観からすれば、現代の大音量・高性能の楽器が、必ずしもその作品の演奏に最適だとは限りません。古い楽器の不均質な音色、不安定な音程、小さい音量などは決して欠点ではなく、魅力でありました。楽器博物館の楽器たちが、そのことを雄弁に物語ってくれます（嶋元館長談）。

住所 静岡県浜松市中区中央 3 - 9 - 1

Tel 053-451-1128

Fax 053-451-1129

URL https : //www.gakkihaku.jp/

開館時間 9：30〜17：00

休館日 毎月第 2・4 水曜日（祝日の場合は翌日、8 月は無休）、年末年始　※要確認

入館料 大人800円、高校生400円

交通 JR浜松駅より徒歩10分
東名浜松・浜松西ICより約30分

東京ヒストリカルブラスによる、当時の金管楽器を用いた19世紀の作品のコンサートのよう。絹糸のような繊細な音の織り成す綾が聴衆を魅了した。

佐 伯 茂 樹 （さえき・しげき）

早稲田大学卒業後、東京藝術大学でトロンボーンを学ぶ。古楽器を中心とした演奏活動を行なう傍ら、多くの音楽雑誌に論文や記事を執筆。ヨーロッパの管楽器専門誌「BRASS BULLETIN」に「アルトトロンボーンの真実」「幕末日本に来た西欧軍楽隊楽器」の２つの論文が掲載された。東京藝術大学大学院で楽曲と楽器に関する講義を担当。主な著書＆共著に、『管楽器おもしろ雑学事典』『吹奏楽おもしろ雑学事典』（ヤマハミュージックメディア）、『はじめての楽器　フルートとトランペットの演奏　管楽器のなかまたち』（文研出版）、『名曲の「常識」「非常識」』『名曲の暗号』『佐伯茂樹の本　新名曲解体新書』（音楽之友社）、『カラー図解　楽器の歴史』『カラー図解　楽器から見るオーケストラの世界』（河出書房新社）、『年刊ワーグナーフォーラム2005』（東海大学出版会）、モーツァルト大全集付録『モーツァルト読本』（ユニバーサルミュージック）などがある。東京藝術大学講師。東京ヒストリカルブラス主宰。2019年逝去。2020年、第32回ミュージック・ペンクラブ音楽賞（クラシック部門功労賞）を贈られる。

編集・制作	有限会社 木杏舎
本文デザイン	松岡恵美（木杏舎）
写真	松井伴実　三ッ谷光久
装丁	日向麻梨子（オフィスヒューガ）

カラー図解　楽器から見る　吹奏楽の世界

2009年10月30日　初版発行
2021年 3 月20日　新装版初版印刷
2021年 3 月30日　新装版初版発行

著　者　佐伯茂樹
発行者　小野寺優
発行所　株式会社河出書房新社

〒151 0051
東京都渋谷区千駄ヶ谷2 32 2
電話　03 3404 1201（営業）
　　　03 3404 8611（編集）
http://www.kawade.co.jp/

印刷・製本　三松堂株式会社

Printed in Japan
ISBN978-4-309-29133-8